國立臺灣戲曲學院
NATIONAL TAIWAN COLLEGE OF PERFORMING ARTS

General Education

通識
教育學報

No.6
第六期

2018年12月

目次

《莊》本於《易》

——論錢澄之以《易》詁《莊》內七篇的思想特色

謝翰哲[*]、孫劍秋[**]

摘要

　　錢澄之（1612－1693 年）原名秉鐙，字飲光，號田間。安徽桐城人，壯年時有經世之志，自明崇禎十七年（1644）思宗自縊煤山，明朝為滿清所覆滅，錢氏便前往南方，期間在福建、兩廣、江南等地尋求反清復明的機會，然而永曆四年（1650）桂林兵敗，南明的勢力在滿清的鎮壓之下逐漸土崩瓦解，眼見復國的機會逐漸渺茫，錢氏逐漸喪失壯志，轉而遊歷江浙一帶著書立說。《莊子》成為其生命解脫的出口，透過莊子本身幽微超然的文字來尋找作為遺民身份的生命出口，錢澄之注莊抒發己思而成《莊屈合詁》一書，但不同於古者注莊的思路，錢澄之基於自身深厚的《易》學思想底蘊，使其「以《易》注《莊》」的思維成為解莊史上的一特色，本文將針對錢澄之解詁《莊子》內七篇作為範圍進行討論，分析錢氏在撰寫時的背景、思想脈絡，並針對《莊屈合詁》中錢澄之所詁之章句進行分析，期待更深入了解錢氏是如何為莊子的出世思維賦於《易》學中「因時而動」的概念。

關鍵詞：莊屈合詁、錢澄之易學、莊子思想

---

* 謝翰哲：第一作者。東吳大學中文系碩士班研究生。
** 孫劍秋：通訊作者。國立臺北教育大學語文與創作學系教授。

一　前言

　　錢澄之（1612－1693 年）原名秉鐙，字飲光，號田間。安徽桐城人，壯年時有經世之志，自明崇禎十七年（1644）思宗自縊煤山，明朝為滿清所覆滅，錢氏便前往南方，期間在福建、兩廣、江南等地尋求反清復明的機會，在南明唐王時，授漳州府推官，桂王朝時授禮部儀制司主事，積極治朝，然而永曆四年（1650）桂林兵敗，南明的勢力在滿清的鎮壓之下逐漸土崩瓦解，眼見復國的機會逐漸渺茫，錢氏逐漸喪失壯志，轉而遊歷江浙一帶著書立說。面對國家的覆滅，忠於故朝的士大夫們，自然不願侍奉新朝，但隨著國家的滅亡，他們生存的意義卻早已消失，面對隨君王殉國的人臣百姓，存活下來的遺民們身心自是飽受煎熬，因此這些遺民無不重新尋找自身的生命價值，身處朝代更迭的錢澄之也不例外，作為文人的他們，企望從古聖先賢中尋找情緒的出口，而同樣身處亂世的《莊子》則成為了他們一個解脫的象徵，因此明遺民中不乏注解《莊子》者，如道盛、方以智、屈大均、淨挺、王夫之等人，他們都各自憑藉借莊子出世超越的「超人」思維來做為抒發自己理念的載體，透過莊子本身幽微超然的文字來尋找作為遺民身份的生命出口。

　　錢澄之作為明遺民的一份子也不例外，他也透過注莊抒發己思而成《莊屈合詁》一書，但不同於古者注莊的思路，錢澄之基於自身深厚的《易》學思想底蘊，使其「以《易》注《莊》」的思維成為解莊史上的一特色，本文將針對錢澄之解詁《莊子》內七篇作為範圍進行討論，分析錢氏在撰寫時的背景、思想脈絡，並針對《莊屈合詁》中錢澄之所詁之章句進行分析，期待更深入了解錢氏是如何為莊子的出世思維賦於《易》學中「因時而動」的概念，進而轉換成具有積極入世的思想，開拓莊子思想的廣度，透過章句的析論了解錢澄之如何用運義理的轉換將二書進行會通的脈絡。

二　以《易》詁《莊》的思想背景

　　錢澄之解詁《莊子》內七篇時，出現不少以《易》學思想注解的現象，此獨道的解《莊》思維，很大部分源自於錢氏自身對於《易》學的深入，《四庫全書總目》提要：「家世學易，又常問易於黃道周。」[1]錢澄之的父親錢志立研究《易》學五十餘年，曾聚徒講授，錢氏在這樣的家風影響之下自然對於《易》學有著深厚的底蘊，因此錢氏繼承了父親的《易》學觀並融入自身的思想而著成《田間易學》一書，然而錢氏的《易》學除了家學淵源之外，另一部分是來自問學於黃道周，這使得錢氏不僅單純理解《易》之圖象，更習得對史學觀的見解，使其《田間易學》包含了史學觀的獨特思想特徵。此

1　〔清〕紀昀：《四庫全書總目提要》（河北市：河北人民出版社，2000年），第1冊，卷6，頁151。

書匯集了歷代於象數、義理有所發明者的見解，《四庫全書總目》言其書：「其學初從京房、邵康節入，故於象數言之頗詳，後乃兼求義理，參取王弼《注》、孔穎達《疏》、程子《傳》、朱子《本義》，而大旨已朱子為宗，其說不廢《圖書》。」[2]可知錢氏治《易》甚篤。

錢澄之利用自身對於《易》學的理解通透，使他得以立足在《易經》一書的思想義理上，從另一個不同的角度來切入《莊子》內七篇的內涵，這是前人注莊所沒有擁有的《易》學思想背景，錢氏如此的注莊思路，不僅深化了《莊子》一書的思想深度，將其連結到時代更早的《易經》，也透過將《易》《莊》二書的會通，使儒道兩家的精神有了更深層次的討論與結合，更為莊學的詮釋發展打開了一個全新的路徑。深厚的《易》學背景確實是錢澄之以《易》注《莊》的一大因素，然而錢氏本身又是基於何種來由而有意識的進行這樣會通的注解呢？〈莊屈合詁自序〉中其自云：

> 自莊子以《詩》、《書》、《禮》、《樂》及《易》、《春秋》列為道術，後遂有「六經」之稱。而其稱《易》也，曰：「《易》以道陰陽。」則一語已抉其奧矣。吾觀其書，其言「內聖外王之道」，則一本於《易》。[3]

莊子將《詩》、《書》、《禮》、《樂》及《易》、《春秋》六書列為道術一說出於《莊子・天下篇》云：「《詩》以道志，《書》以道事，《禮》以道行，《樂》以道和，《易》以道陰陽，《春秋》以道名分。」[4]錢澄之取莊子「《易》以道陰陽」一言，認為莊子必是熟知《易》理之人，則書中的思想自然也就是本源於《易》，既然是立基在儒家的精典之上，其所言必然蘊含「內聖外王之道」。

若以此言行而論莊子本身，其心必然也存有「內聖外王之道」，若以此觀點視莊子的存德養性之說，就有了《易》學角度的思維，亂世之中有出世之言，並非對於世事的漠不關心，而是應於時空環境的進退言行，透過這樣的推論，錢澄之將《莊子》一書視為《易經》思想的繼承與延續，並且將莊子一人歸入儒家的聖人行列之中，也確立了錢氏是以「《莊》本於《易》」的概念作為其立論的基本命題，並據此開展對莊子書的注解。

然而在後世學者對於書籍的思想歸類上，《易經》屬於儒家之典，《莊子》則是歸於道家之學，二者分別歸在不同的思想體系當中，其中的內容在思想上必定有差異之處，如欲會通兩書思想，則必須把握住兩者在思想上的共同之處，換句話說，注者實則必需通於二家之學，這也是在會通工夫上困難的一點，筆者前述錢澄之是立於「《莊》本於

2　〔清〕紀昀：《四庫全書總目提要》第1冊，卷6，頁151。
3　〔清〕錢澄之，殷呈祥點校：〈莊屈合詁自序〉，《莊屈合詁》（合肥市：黃山書社，1998年），頁3。
4　錢穆：《莊子纂箋》（臺北市：東大圖書公司，2015年），頁275。

《易》」的態度在思考,也就是透過《易》這個源頭來去核對《莊子》的思想,而在《易》學眾多的概念當中,錢氏選擇了以「時」作為他的中心主旨及切入點,其於〈莊屈合詁自序〉提出論證的主要方向:

> 夫《易》之道,惟其時而已。莊子以自然為宗,而詆仁義,斥禮樂,訾毀先王之法者,此矯枉過正之言也。彼蓋以遵其跡者,未能得其意;泥於古者,不能適於今,名為治之,適以亂之。因其自然,惟變所適,而《易》之道在是矣。[5]

錢澄之於開頭彰明《易》之道在於「時」,萬物順時而生,應時而行,也就是「自然」本義,然而莊子書中著述各種「詆仁義,斥禮樂,訾毀先王之法者」之言,在錢氏看來都是莊子「應」於亂世的言論,假出世之言而寄聖人之心的積極入世之心,蓋稱其為「矯枉過正」之言。

錢氏在處理莊子的章句前,亦無忽略老子創造道體本源的理論,其取老子「自然」的內涵,將之與「時」做了關係上的結合,其於《田間易學》便云:

> 自然者,無所期望,因乎時而已[6]

《易經》自有一套天道運行的宇宙系統,透過陰陽之氣的交合而誕生萬物,而萬物也依著自然的規則運行,這樣物物遵守自然運行的思維,進而產生了《易》重視「時」的觀念,唯有合於時而動,方能合於自然之理。「無所期望」一句明顯的具備了老子的「無為」思想,對於萬物的運行應無所目的、機心,順應外在的環境變化。錢氏透過「自然」一詞的概念,將老子與《易》學的概念做了整合,不僅將老子的「自然」學說整合進《易》學之中,亦為《易》學思想進入道家思想前,找到了一個立足點,由此而來,錢氏執之解莊的《易》學理論,便是立足在老子的學說之上,透過老子的「自然」一義,為儒道兩家的思想最了一個轉折與連接處,也確立了以《易》之「時」解莊的正確性。

春秋時期的孔子處於禮崩樂壞的初期,仍可以聖人之言來企圖匡正天下,然而到了戰國時期卻已是「爭地以戰,殺人盈野;爭城以戰,殺人盈城。」[7]無可復加的慘況,不僅是治世理想的消失殆盡,更是人們基礎生命的需求受到威脅,錢澄之認為莊子不得已不能入世而「治」,所以才以如此出世幽微之言來表達其自身的熱切之心,因此錢氏

---

5 〔清〕錢澄之,殷呈祥點校:〈莊屈合詁自序〉,《莊屈合詁》,頁3。

6 〔清〕錢澄之,吳懷祺校點:〈无妄〉,《田間易學》(合肥市:黃山書社,1998年),卷2,頁346。

7 〔清〕焦循,沈文倬點校:〈離婁章句上〉,《孟子正義》(北京市:中華書局,1998年),頁516。

稱莊子這樣順「時」之不同而「應」之於行的作法為「因其自然，惟變所適。」錢氏替莊子的言行找到了一個思想的源頭，也就是其言的「莊子以自然為宗」，《易》學順時應物的思想成為了莊子思想之「體」，而莊子所行與著述則是《易》學思想之「用」，在這樣體用關係的論述脈絡之下，《莊子》一書自然就成為了《易》學思想的繼承與展現，因此錢氏為《莊子》一書下了一個結論：「《易》之道在是矣。」也完整了錢澄之以「《莊》本於《易》」作為其能夠以《易》解《莊》的核心理論基礎。

三　《莊屈合詁》解莊章句析論

《莊屈合詁》一書中，錢澄之解詁《莊子》一書只將範圍限定在內七篇當中，因此七篇的思想渾然一體，相互闡發，足可認為出於莊子本人之手，前述已確立錢澄之是立基在「《莊》本於《易》」的觀點上來進行注莊的論述，本章節將針對錢澄之詁《莊子》一書中內七篇的文字內容，析論錢氏如何將自身的《易》學思想貫穿到《莊》學之中，進而會通二書思想。

（一）〈逍遙遊〉

〈逍遙遊〉置於內七篇之首，自然有統領全篇之含意存在，此篇旨在人唯有看破名利與權勢的束縛，精神才能不為功名所役而優遊自得，故文中藉由大鵬之飛來泯除事物大小的界線，接著在以「堯讓天下於許由」[8]來言去功去名而破除自我中心，最後借惠師與莊子的對話來言「無用之用」的意義。錢澄之把握住了篇章的這個「遊」字，來作為他論述切入的角度，錢氏在詁〈逍遙遊〉篇章其云：

> 《易》之道盡于時，莊之學盡于遊。時人入世之事也，遊者出世之事也。惟能出世，斯能入世。即使入世，仍是出世。古德云：「我本無心于事，自然無事于心。」斯妙得遊之旨乎？七篇以〈逍遙遊〉始，以〈應帝王〉終。謂之「應」者，惟時至則然也。又曰：「應而不藏。」此其所以為遊，此其所以逍遙歟。[9]

錢澄之分解《易》學的要點在於「時」的觀念，而此是入世之學；《莊》學的要點在於「遊」，而此是出世之為，一者入世，一者出世，立論的方向與目的是有所不同的，但錢氏言說「惟能出世，斯能入世。即使入世，仍是出世。」將二者的精神結合為一，二

8　錢穆：《莊子纂箋》，頁4。

9　〔清〕錢澄之，殷呈祥點校：《莊屈合詁》，頁5。

者都是源於道之體，然只是用於世的行為差異而已，人生於世則不可離世而存，故需入世行道，然命運時有災厄，故需出世以求存道，這樣的概念正是《易經》中「乾卦」所示「有亢有潛」[10]的觀念，而這進退出入的原則為何？以《易》來說就是因「時」而定。因此錢氏實是以此「時」的觀念做為《易經》與《莊子》二書思想的橋樑，並解為莊子書中的「遊」賦予了「時」的內裏精神，言說莊子之「遊」之所以能夠逍遙，正是因為其能合於自然運行之「時」而動，既不如孔子「知其不可而為之」[11]的堅持入世，也不如老子感嘆世衰而罷筆西出陽關，在出世入世兩個端點之間不即也不離，正是莊子所謂的「遊」，正因為莊子不勉強有為，順命安然，不為外物所役，自然能夠「逍遙」。錢澄之為莊子的「逍遙」定下了一個「應」的先決條件，他面對自身所處的時空環境做出最適當的行為，也就是說莊子出世的思想就是因應亂世而生，並非莊子自身思想本是如此，反面而言，如果莊子處於治世，必定積極入世而大有所用。錢氏此「應」字所賦予的含意，使得《莊子》一書的內涵不再只是單一的消極出世，隨命而治，反而進一步為《莊子》思想擴展具有積極入世的一面。

〈逍遙遊〉中有所謂「大鵬之化」，篇章開頭鯤魚化為大鵬，而此大鵬之背有千里之大，如此巨大的身軀又將飛向南海。莊子微言人若欲逍遙，首要的工夫就是要彌除人對於外在表象的依賴與執著，故以鯤化為鵬來消除物物之間的外在形體，以大鵬有千里之翼的超現實描述，來消除人對於大小關係的界定，消除種種人為定義的名象之後，自然能不累於物如大鵬之飛，篇章中云：

> 北冥有魚，其名為鯤。鯤之大，不知其幾千里也。化而為鳥，其名為鵬。鵬之背，不知其幾千里也；怒而飛，其翼若垂天之雲。是鳥也，海運則將徙於南冥。[12]

此大鵬之飛，正是莊子無累於物而欲追求超脫的一個過程，因此這個「怒飛」就是己心為了不受制於物的行動，錢氏抓住了此大鵬起飛的「怒」字云：

> 鵬之一飛九萬里，全在一怒。凡草木之甲坼，蟲鳥之孵化，必怒而始出。怒，其懸解時也。二小蟲聞鵬之圖南而笑之。笑者必不能怒；不能怒，故終不能飛。[13]

錢氏以「甲坼」來解大鵬的「怒」飛，而「甲坼」一詞則是出於《易經》第四十卦的

---

10 「乾卦。初九：潛龍勿用。」「上九：亢龍有悔。」〔宋〕朱熹：《周易本義》（臺北市：大安出版社，2015年），頁28-30。

11 〔清〕劉寶楠，高流水點校：〈憲問〉，《論語正義》（北京市：中華書局，1998年），頁597。

12 錢穆：《莊子纂箋》，〈逍遙遊〉，頁1。

13 〔清〕錢澄之，殷呈祥點校：《莊屈合詁》，頁7。

「解卦」,《象》曰:

> 天地解而雷雨作,雷雨作而百果草木皆甲坼,解之時大矣哉。[14]

解卦上震下坎,震卦卦德為「動」,坎卦卦德為「險」,動而出險,方為有解。《正義》云:「此因震、坎有雷雨之象,以廣明『解』義。天地解緩,雷雨乃作。雷雨既作,百果草木皆孚甲開坼,莫不解散也。」「甲坼」謂種子皮裂而草木發芽。種子待於土中不發,正是因為時空環境不佳,並非用世之時,故有坎卦之「險」義,然雷雨大作正是百果草木生長發芽之「時」,故皆甲坼以求用世。錢氏將《易經‧解卦》此「待時用世」之義,解釋大鵬怒飛的原因,大鵬不飛是因「風之積也不厚,則其負大翼也無力。」[15]故需待風積之厚,時至則方能夠怒飛,此「怒」正是大鵬意欲用世之心,故時至而能一飛九萬里。《易經》「解卦」中的百果草木與《莊子》的大鵬,皆有「用世」之心,故需「待時」而展現其才,錢氏透過二者相同都需要「待時」的這個內涵將二者連貫起來,自然可以用《十易》中所云:「解之時大矣」[16]的「時」來解莊子大鵬的怒飛,如此大鵬「其懸解時也」[17]的超脫悠遊正是因為合時而飛。

(二)〈齊物論〉

〈齊物論〉篇旨在於肯定人與一切萬物各自獨特的價值,透過揚棄人自身的我執,破除以自我為中心的成見,方能穿越萬物形體上的差異,進而看見人與物間精神的相通之處,如篇末以「莊周夢蝶」一事帶出「物化」之旨,其云:

> 昔者莊周夢為胡蝶,栩栩然胡蝶也,自喻適志與!不知周也。俄然覺,則蘧蘧然周也。不知周之夢為胡蝶與,胡蝶之夢為周與?周與胡蝶,則必有分矣。此之謂物化。[18]

莊子以夢為喻,透過夢境言說非現實的處境,自己夢為蝴蝶?亦是蝴蝶做夢成為自己?人生活之中極度依賴五官,身處夢境中的感受亦與真實無異,既然夢境是虛假的,那現實中感官的感受是否也是虛假的呢?感觀的不可靠早已被莊子所看破,唯有解除對於感

---

14 〔宋〕朱熹:《周易本義》,頁158。
15 錢穆:《莊子纂箋》,〈逍遙遊〉,頁2。
16 〔宋〕朱熹:《周易本義》(臺北市:大安出版社,2015年),頁158。
17 〔清〕錢澄之,殷呈祥點校:《莊屈合詁》,頁7。
18 錢穆:《莊子纂箋》,〈齊物論〉,頁23。

官的依賴，方能用心去了解物我之間的關係，彌除了萬物形體間的差異，自然能夠感受物我之間的一同，萬物既同由道所生，精神也就其實為一，既終為一體，便皆齊等為一。

然而如果萬物的精神其實為一，人為何又會有分別是非、彼此的觀念呢？莊子細說之所以有物我彼此之分，在於人以「我」的觀點來看待萬物，其云：

> 物無非彼，物無非是。自彼則不見，自知則知之。故曰：彼出於是，是亦因彼。彼是，方生之說也。雖然，方生方死，方死方生；方可方不可，方不可方可；因是因非，因非因是。[19]

莊子認為「物」的生成都是源於道的創生，既然源出於一，被創生的物自然也不應該有所分別，萬物的本身是無此無彼、無是無非的，而之所以會有分別，是因為觀點與立場的不同，若心有「是」的標準，那看待他物若不合己身的「是」自然就會成為「非」，所以言「方可方不可，方不可方可」，若有「可」的標準，同時也就會產生「不可」的標準，因此這些標準都是相對產生的，也就是「因是因非，因非因是。」這些人為訂定的標準與觀念都並非絕對性的獨立存在，而是相對性的「相因」而生，而錢澄之把握住萬物此「相因」之點，舉《易》說明云：

> 大易有四象：分陰分陽，而陰中有陽焉，陽中有陰焉，是謂陰陽老少。禪家本之為四科，揀莊子于是中見非，非中見是，亦此四法。惟其能因，故曰本無是非。[20]

錢氏從《易》中的四象來補充莊子所言的「相因」，道創生陰陽，而陰陽二者便是相因而生，陰陽彼此互相為因，則陰中有陽，陽中有陰，故成為四者：所謂老陽、少陽、少陰、老陰，既而衍化成萬物之形，這樣的演化過程如同莊子「是中見非，非中見是」，是非相因而生世事，這所生的世事對於莊子來說是人為所造，是應當破除而捨棄的，但是《易》中所衍生的萬物，卻都是以道為「體」而創生的形下之「用」，是因於時而生之物，在此當時必然有其存在的價值，錢澄之透過以「相因」一點為樞紐的義理轉折，將莊子對於人感官依賴所感受的「物」都為虛假的消極觀念，賦予了《易》中創生萬物，並且賦予萬物自身價值的積極思維。

然而既然物物之間的差異是源自於人有「我」的觀念，以我觀他物，自然會產生「彼」的概念，莊子更進一步追索，使人產生「我」這個觀念的原因為何？莊子其自云：

---

19 錢穆：《莊子纂箋》，頁13。
20 〔清〕錢澄之，殷呈祥點校：《莊屈合詁》，頁29

夫隨其成心而師之，誰獨且無師乎？[21]

此「成心」就是人本身的「成見」，人依賴知識的學習以及生命的經驗產生主觀的標準與態度，人若執此成心去衡量他物，是非的歧見自然因此而生，進而有所爭奪與排斥，如同錢澄之於篇首之詁〈齊物論〉篇名所曰：「通篇論本無是非，是非皆我見所作。」[22]此「我見」之說正是扣著莊子所言的要點。此「師」字當是解作「跟隨自己內心為標準」，人的「成心」成為物物相異的原因，但是人卻無法意識到這點，自己的選擇與判斷總是師從自己這具有主觀意識的內心意識，並且自以為客觀而不自知。錢氏對於此「成心」一詞詁之曰：

> 成心，即大易所謂成性也。本來現成，不假擬議，一涉擬議，便非本心，即為未成乎心。古德云「但莫瞞心，心自神聖」。大學云「毋自欺也」，此即隨而師之之說也。此心為天地萬物公共之心，時時現前，須于十二情日夜相待時，自會認取。[23]

錢澄之則將此「成心」解同於《易經》的「成性」，「成性」一詞出於〈繫辭上〉云：

> 子曰：「易其至矣乎！」，夫易，聖人所以崇德而廣業也。知崇禮卑，崇效天，卑法地。天地設位，而易行乎其中矣，成性存存，道義之門。[24]

聖人推《易》為至極之道，其內涵正是要效天崇知，法地禮卑，而天地已由自然創生存在，故聖人常以《易》來崇德廣業，「存存」是謂存之又存，唯恐失之，在此不斷的實踐法天法地之學，方能將天地精神化為己性，故曰「成性」，此「成性」所解的「成心」，已轉換為聖人法天地而成的大無私之心，正因人人皆有此心，故需以此心為「師」而行事。錢澄之以此「師」字為樞紐，將原本莊子所說人常執於自己的「主觀成見之心」，轉化為人當遵循自身「天地萬物公共之心」，錢氏再以〈大學〉中云：「所謂成其意者，毋自欺也。」之言佐證觀點，聖人行事若要有誠則必須從於己心而無所自欺，由此可知錢澄之以經將此篇章中的「心」由莊子的理路中抽出，為它賦予了儒家積極有為的聖人之心。

凡有形體之物必然有成有毀，而莊子則以物成毀的過程來論人對於物「用」與「無

---

21 錢穆：《莊子纂箋》，〈齊物論〉，頁11
22 〔清〕錢澄之，殷呈祥點校：〈莊屈合詁自序〉，《莊屈合詁》，頁20。
23 〔清〕錢澄之，殷呈祥點校：〈莊屈合詁自序〉，《莊屈合詁》，頁27。
24 〔宋〕朱熹：〈繫辭上〉，《周易本義》，頁240。

用」的想法，其於〈齊物論〉中云：

> 其分也，成也；其成也，毀也。凡物無成與毀，復通為一。唯達者知通為一，為
> 是不用而寓諸庸。庸也者，用也；用也者，通也；通也者，得也。適得而幾矣。
> 因是已。已而不知其然，謂之道。[25]

道降於形下而「分」生成為萬物，物的生成必需具備形體，這就是物之所「成」，有了形
體自然就會隨著時間推進而有敗壞消亡，這就是物的「毀」，凡物生有形體就必然有所
毀滅，然而物之所以有成毀的過程，是因為人以自己的主觀「用」的觀念來看待他物的
形體，若彌除萬物的形體與作用，則皆是由道所生，因此萬物其實皆為道一也，物縱使
形體消亡，其精神亦會復歸於道的本身而並無消亡，因此去除我執我見，以「道」觀萬
物，則萬物便無所謂「成毀」。錢澄之以此「成毀」的過程作為要點切入，其詁之曰：

> 成即有毀，毀以為成；治極必亂，亂已開治。春夏之蕃孳，秋冬之凋落，相代實
> 以相因。易「窮則變，變則通」。「通其變，使民不倦。」因之而已。因其然而
> 然，因其可而可，一不自用，所以為大用也。[26]

錢氏以物形體上的「成毀」與政治的「治亂」興替二者皆有輪轉的概念，將二者聯通成
為相同內理，又將此輪替的現象賦予其《易經》的「時」之意義，因自然會有四季的輪
替，春夏秋冬又並非各自獨立存在，是因為陰陽的消長而使自然現象有了變化，因此四
季是一個大整體，陰陽之所以有消長是因為「時」的不同，四季的變化亦是因時而變的，
以此觀政治，則「治亂」的生成亦是因時而生。錢氏舉《易》有「窮變」之理，政治因
時而有「亂」，聖人亦需因時而有「變」，而〈繫辭下〉云：「通其變，使民不倦，神而
化之，使民宜之。易窮則變，變則通，通則久。」[27]這樣的通變是有著積極治世的目的
性。莊子的「不用」，是人要捨去己見而以道觀萬物，因此要能因物自然；錢澄之的
「不用」，是人不執於一種治世之為，而要能因時而變，兩者內理雖然不同，但錢氏透
過輪替的概念將「成毀」與「治亂」做一結合，並以《易經》的「時」概念會通二理。
　　莊子描述戰國時期辯者不斷以言語欲窮極道裡，然而道看似萬千，但其實一也，於
〈齊物論〉篇章中所云：

> 勞神明為一，而不知其同也，謂之朝三。何謂朝三？曰狙公賦芋，曰：「朝三而

---

25 錢穆：《莊子纂箋》，頁14。

26 〔清〕錢澄之，殷呈祥點校：《莊屈合詁》，頁30。

27 〔宋〕朱熹：〈繫辭下〉，《周易本義》，頁254。

莫四。」眾狙皆怒。曰：「然則朝四而莫三。」眾狙皆悅。名實未虧，而喜怒為用，亦因是也。是以聖人和之以是非，而休乎天鈞，是之謂兩行。[28]

狙公養猴賦芧，朝三暮四與朝四暮三，兩者給予的總數是相同的，但猴子卻沒有發覺這個「實」，卻因二者表面「虛」的不同而有了喜怒之別，此總數為七的「實」也就是「道」的本身，而朝三暮四的「虛」則是凡人以形下的言語得之的「名」但眾人卻多以此為真實的「道」本身，況百人之言必有百人之道，爭辯相非則由此起，因此莊子將聖人比喻成狙公，聖人能夠體道而知實，故於形下行道時有所權變，不與眾人爭道之名，「休乎天鈞」便是依乎天理，莊子謂之「二行」，錢氏從此「二行」解云：

> 聖人執兩端而用中，兩端皆用，特用之有時耳。此「兩行」之說也。是故道無成虧，由有我見者自分成虧；以有成有虧，而後我有以異于人也。[29]

聖人扣其兩端而用中，乃是孔子之語[30]中庸之行，「兩端」所指是應世的各種方法，而取其「中」則是應於此時最合適的方法，故錢氏言「特用之有時耳」，面對當下時空條件而行，而不強行己見，自然不在意成虧，那也就是順乎天理了。

（三）〈養生主〉

〈養生主〉一文主旨在於養護生命之主，而此主便是指人內在的「精神」，文章主體是以「庖丁解牛」[31]的故事來敘述養生之道，而此「養生」並非延年益壽之法，而是保全心性精神之方，故以庖丁解牛時的「遊刃有餘」[32]來言人處於世間應該如何應於世事，至使自身自在「遊」於世間。庖丁展示完解牛技巧之後，並非與文惠君炫耀才能，亦未露出志得意滿神情，而是「躊躇滿志，善刀而藏之。」[33]此「躊躇滿志」者，《疏》云：「志氣盈滿，為之躊躇自得。養生會理，其義亦然。」[34]其氣充然乃是因為順乎自然之理，而「善」字所示展現了庖丁對於生主的重視，有所謂「養」之義，錢澄

---

28 錢穆：《莊子纂箋》，頁15。

29 〔清〕錢澄之，殷呈祥點校：《莊屈合詁》，頁45。

30 「有鄙夫問於我，空空如也，我叩其兩端而竭焉。」〔清〕劉寶楠，高流水點校：〈子罕〉，《論語正義》，頁332。

31 「庖丁為文惠君解牛。」錢穆：《莊子纂箋》，頁24。

32 「彼節者有間，而刀刃者无厚，以无厚入有間，恢恢乎其於遊刃必有餘地矣。」錢穆：《莊子纂箋》，頁25。

33 錢穆：《莊子纂箋》，頁25。

34 〔清〕郭慶藩：《莊子集釋》（臺北市：華正書局，1989年），頁124。

之注此句云：

> 藏器于身，待時而動，而不輕試其鋒也。[35]

「藏」一字也就有了「養」之義，若時常而用己身之才，必定消耗磨損，又如何能養？故如錢氏所云：「不輕試其鋒也」，無所用才時便藏而待之，至當用之時才有所動，錢氏為「養生」一義賦予了應於時而藏而動的《易》「時」內涵。

（四）〈人間世〉

〈人間世〉一篇在於描述人生存於社會之中種種人際關係的糾結與紛爭，透過世事過程的經歷，來展示進退的各自難處，進而提出處人與字處之道。錢澄之於篇末總詁云：

> 吾嘗謂《莊子》深于《易》，《易》有潛有亢，惟其時也。當潛不宜有亢之事，猶當亢不宜存潛之心。而世以潛時明哲保身之道，用之於亢時，為全軀保妻子之計，皆莊子之罪人矣。若莊子適當其潛者也，觀其述仲尼、伯玉教臣子之至論，使為世用，吾知其必有致命、遂志之中，為其于君親義命之際所見極明耳。[36]

〈人間世〉一篇是內七篇中主論人處於世間中實際面臨的種種困境，人既生於人群之中便不可能離人而居，因此人際的問題必不可免，篇章內容多言進退為難之處世之道，此道正是《易》之「用」，故錢氏言「《莊子》深于《易》」，因《易》重視的便是因時而行，故有所謂「有潛有亢」，宜潛則不應亢，宜亢則不應潛，錢氏透過《莊子》書中「述仲尼、伯玉教臣子之至論」，推論莊子適逢亂世，雖保有聖人之心，而因時而無有聖人之行，故放出世之言以保全生，這是合於《易》因時而動之義，故論及莊子之言本於《易》學思想。

（五）〈德充符〉

〈德充符〉一篇主旨在於破除外在形體殘全的概念，重視人的精神與內在性，藉由舉述殘畸之人亦德行充足，欲言人能夠體現宇宙天道根源性的本體，並非身形，而是內在心性的「德」。莊子於文中藉孔子之口言說道理，其云：

---

35 〔清〕錢澄之，殷呈祥點校：《莊屈合詁》，頁52。
36 〔清〕錢澄之，殷呈祥點校：《莊屈合詁》，頁75。

> 仲尼曰：「死生存亡，窮達貧富，賢與不肖，毀譽、饑渴、寒暑，是事之變，命之行也；日夜相代乎前，而知不能規乎其始者也。故不足以滑和，不可入於靈府。使之和豫通而不失於兌，使日夜無郤而與物為春，是接而生時於心者也。是之謂才全。」[37]

其列舉死生、窮達、貧富、賢不肖、毀譽等等，這些皆是「命之行也」，是人無法憑一己之力而控制的命運，既非人為能至，就不需使這些外在境遇「入於靈府」，內心自然不為命所役，其云「是接而生時於心者」是謂接物而生與時推移之心，如此安時順命方能使心靈安然逸樂，也就是莊子所謂的「才全」。

> 「和豫通」，言通體是和也。「兌」于易為口，為毀折，有漏義也。「不失於兌」，是為無漏。有漏即郤開矣；無郤則無時非春，猶四時接續無少間斷也。時有春夏秋冬，心惟一春而已。心一春則時與皆春，故曰「生時于心」。惟其無郤，是為才全，才全者，德之盛也。[38]

錢氏將「兌」字解釋作口是源於《易經‧說卦》云：「兌為口。」[39]，有口則有漏，有漏則無法應於前句說的「通」，四季通於時而有春夏秋冬無不間斷，故人若要「豫通而不失於兌」則亦不可間斷合於時，然「生時於心」一句二者的思維理解都是要順時方能豫樂，但不同的是，莊子的「時」是存在於命運中的，因此莊子的順時豫樂是被動的應於外物，而錢澄之的「時」是存在於己心中的，他將原本外在的「時」收攝成自己內心的「時」，因此錢澄之的順時其實就是順於己心，在此義下「順時」一事則有了積極主動的含意。

（六）大宗師

〈大宗師〉一篇，主旨在於真人宗大道為師而體道的境界，敘述人如何相望生死，安時處命，終以至天人合一，莊子開篇則云：

> 知天之所為，知人之所為者，至矣。知天之所為者，天而生也；知人之所為者，以其知之所知，以養其知之所不知，終其天年而不中道夭者，是知之盛也。[40]

---

37 錢穆：《莊子纂箋》，頁45。

38 〔清〕錢澄之，殷呈祥點校：《莊屈合詁》，頁85。

39 〔宋〕朱熹：《周易本義》，頁271。

40 錢穆：《莊子纂箋》，頁48。

知天與知人二事皆為重要，而「人知所為者」之事也就是世事，人身處社團之中有著眾多的人既應對進退，有明有暗，難以全數悉知，故需以自己所「知」去養所「不知」，如此的目的是為了「終其天年」。「知」在莊子的思想裡不僅是「知識」的含意，更多時候是有著「對於世事的了解」，因為莊子關注的是生命的生存，而這個生存也不僅是生理上的活著，更是有精神上的存著，所以「知」對於莊子來說，他只是一個工具，一個可以讓自己生活的更加自由的工具，而不是追求的目標。錢澄之針對了這個「知」而詁云：

> 離人無天，離天無以為人。《中庸》：「知人，不可以不知天。」天在人事中也。「以其知之所知養其知之所不知。」《易》所謂「窮理盡性以至命也。」[41]

錢氏用儒家的觀點來理解此「知」一事，因而舉《中庸》為例，「知」再儒家中是重要的，要有能博學之知方能窮盡事物之理，錢氏先言「離人無天，離天無以為人。」此句正是同於「天人合一」的思想，後言「天在人事中也」正是同於孔子所確立以人為本的人文精神。由此推知錢氏對於知的思路亦是同於孟子所謂的「盡心知性以知天」[42]，也就是後錢氏舉《易》之言的「窮理盡性以至於命」[43]，雖兩家都將「知」視為一個工具性的過程，然而追求的最終目標的「命」卻是不同的，莊子是為了自身的生存保存，而儒家追求的是自身生命的價值，此「知」由錢氏自莊子的被動義轉換為儒家的積極義。

（七）應帝王

〈應帝王〉一文篇旨在於表達了莊子的政治觀念，顯示其無治主義的思想，主張為政的無為，當順乎百性心性與意志即為善政。錢澄之於篇旨詁曰：

> 應帝王者，本無心于帝王，時至則起而應之耳。[44]

說明聖人之所以成為帝王，並非內心想成為帝王，而是因百性的需要，必須透過成為帝王後以政治的形式來教化百姓，所以聖人是因為此「時」百姓的需求，才「應」之而成為帝王，帝王之位只是一個虛假的稱號，為執於此名，則所做所行就有了目的，便不合乎於「應」之義，故時至而應之為帝王，才是真正的帝王，因此錢氏為莊子的「應」賦予了「時」的意涵。

---

41 〔清〕錢澄之，殷呈祥點校，《莊屈合詁》，頁93。

42 「盡其心者，知其性也；知其性，則知天矣。存其心，養其性，所以事天也。」〔清〕焦循，沈文倬點校：〈盡心章句上〉，《孟子正義》，頁877。

43 〔宋〕朱熹：《周易本義》，頁267。

44 〔清〕錢澄之，殷呈祥點校：《莊屈合詁》，頁123。

四　結論

　　錢澄之解莊所用「以《易》注《莊》」的特殊思路，奠基在自身深厚的《易》學學問之上，而成就其《莊屈合詁》一書的特殊性，然而錢氏解莊時取用了許多《說卦》、《繫辭》、《象傳》等易學著作，然而有些內容卻是成於莊子時代之後，取後出學說以釋前，這使其莊子思想本源於《易》論點的合理性出現問題，成為錢氏釋莊的一大缺陷。

　　在注釋的文字中，包涵了許多錢氏自身主觀性的解說，這自然與其際遇脫不了干係，明朝覆滅之後，志節之士多以身殉國，然而留下來的遺民們透過文武兩面意圖恢復故朝，然而隨著清朝政權的穩固，遺民們生存下來的意義逐漸消失，該如何尋找新的生命價值成為了課題，錢澄之也是這個生命困境中的其中一員，《莊子》的出世思想為他提供了一個安身立命的處所，用世之志已無所可用之地，只能將自己的精神留於著述之中，觀《莊屈合詁》釋〈人間世〉云：「吾嘗謂《莊子》深于《易》，《易》有潛有亢，惟其時也。當潛不宜有亢之事，猶當亢不宜存潛之心。」[45]此處不單只是以「有亢有潛」解釋莊子言行，更是錢澄之以莊子自喻，治世之心的無所可用並非自身才能的不足，而是「時」不我與，那句「當潛不宜有亢之事。」就是錢澄之對自己說的話，接受命運的安時順命並非消極，在這樣的基礎下做自己能力所及之事，才是生命的積極面。

　　故錢澄之「以《易》釋《莊》」的解莊特色，本於其自身對於《易》學的深入並非單一原因，更多的是透過這個注釋莊子思想的過程，在自身生命的出世與入世之間找到一個平衡點，如同他釋〈逍遙遊〉云：「惟能出世，斯能入世。即使入世，仍是出世。」[46]出世與入世都不是唯一選擇，對錢澄之自己來說，但唯有重新找到自己生命新的定位，才能真正的逍遙而遊。

45　〔清〕錢澄之，殷呈祥點校：《莊屈合詁》，頁75。
46　〔清〕錢澄之，殷呈祥點校：《莊屈合詁》，頁5。

參考書目

（一）古籍

〔宋〕朱熹　《周易本義》　臺北市　大安出版社　2015年

〔清〕紀昀　《四庫全書總目提要》　河北市　河北人民出版社　2000年

〔清〕錢澄之、吳懷祺校點　《田間易學》　合肥市　黃山書社　1998年

〔清〕錢澄之、殷呈祥點校　《莊屈合詁》　合肥市　黃山書社　1998年

〔清〕焦循、沈文倬點校　《孟子正義》　北京市　中華書局　1998年

〔清〕劉寶楠、高流水點校　《論語正義》　北京市　中華書局　1998年

〔清〕郭慶藩　《莊子集釋》　臺北市　華正書局　1989年

（二）後人研究專書

金景芳、呂紹綱　《周易全解》　臺北市　韜略文化出版社　1996年

錢穆　《莊子纂箋》　臺北市　東大圖書公司　2015年

謝明陽　〈明遺民的莊子定位論題〉　國立臺灣大學中國文學研究所博士論文，2000年

（三）單篇論文

張暉　〈文體與遺民心境的展現－以錢澄之的晚年著述為例〉　《中山大學學報（社會科學版）》　第51卷4期　2011年7月　頁10-20

張永義　〈以莊繼易：錢澄之的莊學觀〉　《中山大學學報（社會科學版）》　第46卷5期　2006年9月　頁60-65

楊年豐　〈明遺民錢澄之生平述略〉　《山西財經大學學報》　第34卷4期　2012年12月　頁245

王明華　〈錢澄之《莊子內七詁》發微〉　《鵝湖月刊》　第509期　2017年11月　頁39-51

林歡純　〈錢澄之莊學研究中的遺民意識初探〉　《韶關學院學報》　第35卷9期　2014年9月　頁30-34

大學職涯探索教育的探討

──以大專校院就業職能平臺 U-CAN 為例[*]

侯世傑[**]

摘　要

　　選擇適合的職涯便是人生成功的一半，因此大學生如何選擇適合自己未來的工作，便是相當重要的課題，職涯探索課程為大學生踏入社會前必須認學習的科目。職涯探索課程可提供學生日後就業學習的需求，開闊視野，啟發職場思考的潛能，對學生未來職涯的將有實質上的助益。大學教師是與學生接觸最密切的人，是大學生職涯發展與探索的重要協助者，讓教師能參與推動大學職涯探索教育，才能發揮協助就業綜效。

　　2000 年教育部推出大專校院就業職能平臺（University Career and Competency Assessment Network，簡稱 U-CAN），結合職業興趣探索及職能診斷，職涯探索課程能有效協助學生確認自己動機、瞭解職涯發展方向，透過職能自我評估找尋職涯目標，並規劃自我能力養成計畫，以加強其職場就業相關職能，以符合產業職能的需求，使學生具備正確的職場職能，學用合一提高職場競爭力。

　　本文探討大學職涯探索的教育，並以大專校院就業職能平臺為例，首先闡明職涯探索教育之概念包括職涯定義與規劃步驟、大專校院就業職能平臺 U-CAN、影響生涯規劃及發展之因素；理解大學職涯教育現況，並對職涯教育困境進行探討，最後提出職涯探索教育展望。

關鍵詞：職涯探索、職能、大學職涯教育、U-CAN

---

[*]　本文2018年8月16日於雲南大學高等教育研究院「2018兩岸高等教育與通識教育學術研討會」發表。

[**]　侯世傑：國立戲曲學院通識中心兼任助理教授，國立臺灣師範大學政治學研究所博士。

一　前言

　　如果一畢業能找到適合自己的職業，便是人生成功的一半，因此大學生如何選擇適合自己未來的工作，便是相當重要的課題，職涯探索課程為大學生踏入社會前必須認學習的科目，職涯探索課程可提供學生日後就業學習的需求，開闊視野，啟發職場思考的潛能，對學生未來職涯的將有實質上的助益。

　　為協助大學生 2000 年教育部推出大專校院就業職能平臺（University Career and Competency Assessment Network，簡稱 U-CAN），結合職業興趣探索及職能診斷，職涯探索課程能有效協助學生確認自己動機、瞭解職涯發展方向，透過動機職能（Driving Competencies，簡稱 DC）、行為職能（Behavioral Competencies，簡稱 BC）、知識職能（Knowledge Competencies，簡稱 KC）等三種，職能自我評估找尋職涯目標，並規劃自我能力養成計畫，以加強其職場就業相關職能，以符合產業職能的需求，使學生具備正確的職場職能，學用合一提高職場競爭力（大專校院就業職能平臺，2018）。

　　教育部及勞動部成立跨部會平臺，具體合作協助大專畢業生就業，勞動部自 2014 年起整合跨部會資料庫，建置「大專畢業生就業追蹤系統」，系統由各大專院校直接滙入各學校畢業生基本資料、再勾稽勞保（含就保）、農保、公保、軍保等投保資料檔，及替代役、在學及入出境等基本資料，以畢業生投保情形作為畢業生投入職場之估算依據，俾利了解大專畢業生就業流向，以引導人才培育及青年就業政策規劃方向，並進行後續就業輔導（勞動部，2018）。

　　大學教師是與學生接觸最密切的人，是大學生職涯發展與探索的重要協助者，讓教師能參與推動大學職涯探索教育，才能發揮協助就業綜效，教師影響大學生之生涯規劃及發展，並協助其認識與使用大專校院就業職能平臺，讓 U-CAN 平臺在大學職涯探索教育中發揮其就業導航之功能，以利學生能較順利找到適合自己的工作（張德聰，2009）。

二　職涯探索教育之概念

　　職涯規劃是一個動態，是一個過程，在發展過程中，職涯是一個人工作過程中所扮演各種角色的總和與結果，規劃是指打算、預估、掌握、開拓及發展（吳芝儀，2012）。有關職涯探索教育之概念分別就職涯、職能定義與規劃步驟、大專校院就業職能平臺 U-CAN、影響生涯規劃及發展之因素，分別說明如下。

（一）職涯、職能定義與規劃步驟

職業生涯（career）一詞源自古羅馬，意指兩輪馬車，引申為道路。即人生的發展道路，亦即個人一生中所扮演的系列角色和職位，因此狹義職涯：指工作、職業等；而廣義職涯：包括學習、生活、工作、職業等（王淑俐編著，2016）。

舒伯 Super（1981）認為職業生涯是人生中各事件的演進方向與過程，包含人一生中的各種職業和生活的角色，展現了個人獨特的自我發展型態。

1 職能

職能（competency 或 competence）泛指與工作相關之個人特質與行為。職能主要用來描述在執行某項工作時所需具備的關鍵能力，目的為找出並確認和因素是導致工作上卓越績效所需的能力及行為表現，協助組織或個人瞭解如何提升其工作績效。職場共通職能，代表從事各種不同的職業類型都需要具備的能力（石慶豐，2015；大專校院就業職能平臺，2018）。專業職能係透過工作分析法（task analysis），展開各項就業途徑工作者所需從事的工作任務、工作活動及具體展現的行為（陳玄岳，2015）。

職能又可分動機職能、行為職能、知識職能，說明如下（楊玉惠，2014）。

（1）動機職能 DC

動機職能（Driving Competencies，簡稱 DC）實施在於訓練對個人優勢之認知，以建立職涯發展願景，促進發揮專業敬業精神，有效自律自制，深刻理解工作倫理及社會化意識，用以務實展現每一個人外顯績效，增進每一個人在團體之魅力與競爭力。

（2）行為職能 BC

行為職能（Behavioral Competencies，簡稱 BC）認同組織體制與自我定位，瞭解工作夥伴運作之效益與必要性，透過有效溝通協調機制，發揮團隊合作的綜效，以體諒包容思維，面對衝突，超越障礙化解衝突，形成務實有用的內部及外部互動協作力量。

（3）知識職能 KC

知識職能（Knowledge Competencies，簡稱 KC）認識大環境及職務脈動趨向，積極促進學習與創新，建立工作價值概念與成本意識、掌握知識資訊與運用技能，有效察覺職場問題與機會，洞察解題方法與策略，以有效訓練成為知識經濟社會中一個有準備的人力資本。

2 職業生涯規劃步驟

職業生涯規劃（career planning）又稱職業生涯設計，指個人與工作相結合，在對一個人職業生涯的主客觀條件進行分析、測定之基礎上，對自己的喜好、興趣、能力、特質及人格進行綜合分析與評論，結合時空環境，按照自己的職業傾向，來確認自己最適合的職業目標，所做出行之的安排（吳芝儀，2012）。

許南雄（2014）認為大學生職涯規劃重要性包括 1. 培養職涯規劃能力；2. 充分自我瞭解；3. 瞭解工作世界；4. 壓力調適；5. 促成職涯目標實現。職業生涯規劃步驟及大學職涯規劃步驟說明如下：

探索、選擇是掌握自己職業生涯的成功關鍵，可讓大學生看見自己與眾不同之處，充分的探索、蒐集多方面資訊後所做的抉擇，是職業生涯規劃相當重要一環。職涯規劃實施步驟正首先要了解自己、訂立事業及人生目標，其次要分析過去、幫助自我了解、自我擬訂追蹤方案最後發展行動計畫（石銳，2003；陳澤義，2016）。職業生涯規劃五步驟如下。

1. 知己：對自己本身的興趣、能力與專長進行瞭解。
2. 知彼：務實收集職業資訊，瞭解未來的工作趨勢、類別與特性。
3. 抉擇：思索各種職業可能的途徑、評估各種的結果，作出明智適合的抉擇。
4. 訂定目標：配合知己和知彼的條件，加上個人生涯規劃及願景，形成目標。
5. 行動：以上四點之基礎上，具體實踐大學生個人職涯規劃各步驟。

3 Waterloo 大學職涯規劃六步驟

加拿大 Waterloo 大學的職涯規劃將大學生職涯規劃分成六個主要步驟（洪圭輝，2015；朱庭瑩，2017；Waterloo 大學，2018），分別是：

（1）自我評估瞭解自我

在這個步驟當中，大學生需要探索並瞭解自己的人格特質、價值觀、興趣、與擅長技能，也要能夠評估自己擁有的知識，以及對自己而言，最有效果的學習方式為何？此外，還需要評估自己是否適合創業。

（2）研究職場理解工作世界

在此步驟當中，大學生應當瞭解目前的職業發展趨勢，並能夠主動蒐集相關資訊，大學生不能光只是瞭解自己的特質，還必須瞭解職場中有哪些是適合自己特質發展職業與工作，進行職場參訪，向那些有興趣的職業中工作的人員請教，透過見習、實習或打工等方式，獲得相關職場經驗。

（3）計畫與決策

職涯規劃不能只有夢想，須進計畫決與策，才能夠將夢想變成真，大學生應當能夠設定自己的職涯發展目標，並清楚這些目標與自己生活長遠間的關連，針對長遠目標，大學生須先設定短期與中長期所要達成的子目標，以及如何達成這些目標的計畫。

（4）自我行銷與求職

大學生必須有撰寫履歷表、求職信、掌握面談等重要求職技巧，也必須學習如何在求職市場中找到自己想要及適合的工作機會。

（5）進入職場與勝任工作

大學生要學會如何評估就業市場中各種工作機會，除此之外也必須能夠理解，自己要具備何種技能、專業、能力與條件，才能在競爭的職場中成功發展。

（6）評估與反思

大學生畢業進入職場後，要有對自己職涯發展情形進行評估之能力，並必要的時候進行反思與修正。

有關於 Waterloo 大學的職涯規劃六個主要步驟如圖 1：

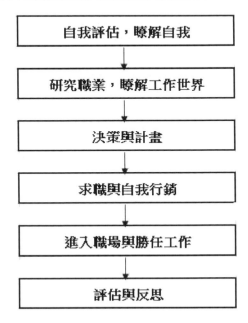

圖1　Waterloo 大學職涯規劃六步驟

（資料來源：Waterloo 大學，2018年）

（二）大專校院就業職能平臺 U-CAN

　　大專校院就業職能平臺（University Career and Competency Assessment Network，簡稱 U-CAN，是一套結合職業興趣探索及職能診斷，職涯探索課程，協助大學生自我評估找尋職涯目標，並規劃自我能力養成計畫，以加強其職場就業相關職能，有關大專校院就業職能平臺 U-CAN 別就源起、功能、職涯類型說明之。

1 U-CAN 源起

　　21 世紀面對瞬息萬變的社會經濟情勢與產業結構變遷，加上全球化、高齡化與少子女化的趨勢，新型態的工作種類增加，形成人才全球移動之特性，教育體系需培養能因應環境變化之各行各業所需之人才，方能提振國家競爭力（楊玉惠，2014）。為此2000 年教育部推出大專校院就業職能平臺 U-CAN，結合職業興趣探索及職能診斷，職涯探索課程能有效協助大學生確認自己動機、瞭解職涯發展方向，透過職能自我評估找尋職涯目標，並規劃大學生自我能力養成計畫，以加強其職場就業相關職能，以符合產業職能的需求，使學生日後具備正確與完善的職場職能，學用合一提高職場競爭力（洪圓詠，2016；大專校院就業職能平臺，2018）。

2 U-CAN 功能

　　大專校院就業職能平臺（University Career and Competency Assessment Network，簡稱 U-CAN），結合職業興趣探索及職能診斷，職涯探索課程能有效協助學生確認自己動機、瞭解職涯發展方向，透過動機職能（Driving Competencies，簡稱 DC）、行為職能（Behavioral Competencies，簡稱 BC）、知識職能（Knowledge Competencies，簡稱 KC）等三種，職能自我評估找尋職涯目標，並規劃自我能力養成計畫，讓大學生明確瞭解自己的興趣領域方向，與自我性格所對應出的合適職業類型，以符合日後職場職能的需求，有關 U-CAN 功能有點如下（大專校院就業職能平臺，2018）：

　　1. 應用職涯探索工具，協助學生盡早發現興趣特質。

　　2. 帶領學生更早認識工作世界，瞭解職業與職能概念。

　　3. 職能與職業查詢、職業興趣探索。

　　4. 職場共通職能診斷與專業職能診斷。

　　5. 職能養成教學能量回饋。

　　6. 職場能力養成計畫。

　　7. 職能診斷諮詢服務及檔案紀錄。

　　8. 學校追蹤畢業生就業管理功能。

有關 U-CAN 平臺的主要功能包含，使用者可依實際需要選擇不同使用流程，概念如圖 2：

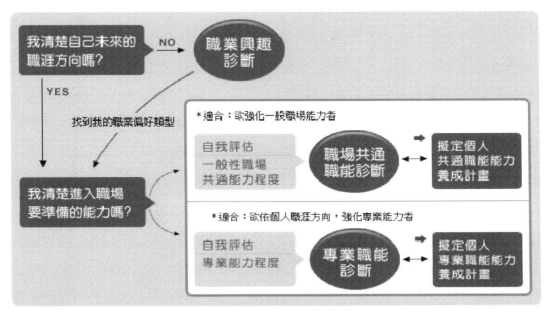

圖2　U-CAN 平臺的主要功能

（資料來源：大專校院就業職能平臺，2018年）

　　由圖 2 可知教育部所建置之「大專校院就業職能平臺」之內容及功能，U-CAN 平臺係結合職涯探索及職能診斷功能，以貼近產業需求的職能為依據，並提供職業查詢服務，詳細介紹 16 項職涯類型，包含各類型的就業途徑、所需具備的專業職能，以及相關職業項目等，有助於大學生透過自我診斷，掌握該職業的工作樣貌，提升職場競爭力。並推廣於各大專校院生涯與就業輔導相關單位，以提升職涯輔導的效能，透過教學增強學生專業能力，發展學生之共通職能核心能力，增強學生就業競爭力，弭平學用落差，讓培養的學生皆能為各企業所用（楊玉惠，2014）。

3 U-CAN 職涯類型

　　大專校院就業職能平臺 U-CAN 之職涯類型（Career Cluster）是由同一領域、或所需知識技能相近的工作所組成，可以提供給大學運用於職涯或學習發展規劃，有系統的養成相近的知識與技能。U-CAN 以主計處所公告行業標準分類為主架構，符合國際職業分類標準，並依據實際產業概況，歸納出 16 個職涯類型及 66 個就業途徑。分別為分述如下（歐陽慧蓉，2017；大專校院就業職能平臺，2018）：

（1）工作者特質（Worker Characteristics）

該子系統說明從事某職業所需具備或相關的知識與技術，另外還包含興趣（inter-ests）、工作價值（work values）及工作型態（work styles）等。

（2）工作者條件（Worker Requirements）

該子系統說明從事某職業時，透過經驗或教育所發展或獲得與工作有關（work-related）的知識與技術，且該知識與技術將與職業的績效表現有密切關係。

（3）工作經驗要求（Experience Requirements）

該子系統顯示工作者在從事某職業時，需具備該職業領域的經驗背景資料，如教育經驗、相關證照、證書或課程時數等。

（4）職業特性（Occupational Requirements）

該子系統描述從事該職業時，所進行的活動（activities），其中可分成一般性工作活動（generalized work activities）及詳細工作活動（detailed work activities），此外，還描述影響從事該工作表現的組織脈絡特性及工作脈絡特性等訊息。

（5）勞動力特性（Workforce Characteristics）

該子系統提供與該職業有關的描述性職業訊息及統計勞動市場資訊，如薪資水準、未來的人力需求發展預測及產業規模資訊等。

（6）職業條件訊息（Occupation-Specific Information）

該子系統仔細地描述某職業的特定內容，包括：從事該職業所需的工作相關知識、技術及作業；從事該職業時所需使用的機器設備、儀器、工具軟體；各種工作者可能會使用到的工作相關訊息。

（三）影響職涯規劃及發展之因素

大學若能及早提供學生適當的職涯探索和職業體驗機會，有利於大學生將來生涯發展定向，探討那些是影響大學生之職涯規劃及發展因素，可協助學生探索以及了解工作世界需求，分別以影響職涯規劃因素、Holland 職業代碼、SMART 原則探討如下。

1 影響職涯規劃因素

為了達成引導學生適性發展的目的，協助學生奠基於自我了解和對於教育與職業環境的了解，來規劃適當的職涯發展進路，做成理想生涯發展目標的抉擇，理解影響職涯規劃因素，是學生職涯輔導工作所不可或缺的一環（吳芝儀，1996）。大學生對於職涯發展的影響，展現於決定職涯發展方向、增加求職與就業機會，以及增進職場認知和工作推展等三方面（吳芝儀，2012；郭蕙寧，2017）。生涯抉擇影響項目為個人各方面生活目標的抉擇（Swanson, J. L., &; Fouad, N. A 簡文英等譯，2010）

大學畢業生就業不易，影響大學生職涯規劃的因素很多，大體可分個人因素、家庭因素、組織因素及環境因素等，主要有 1. 對生涯規劃了解，2. 處世性向，3. 個人人格特質，4. 角色認同，5. 家庭支持與背景，6. 對未來有光明的願景，7. 對專業認同，8. 大學是否實施職涯規劃課程有關。大學應打造一個可以協助在學學生、在職者、求職者順利職涯規劃的平臺（林俞均，2013）。

1. 一般知能：包括發現自我、培養積極的態度、增強語文能力等。
2. 社會技巧：例如培養積極的溝通技巧、建立良好人際關係等。
3. 專業知能：包括專業知識與技能的內容和範圍。
4. 謀職技巧：例如履歷表、求職信函撰寫，面談技的應用等。

2 Holland 職業代碼

John Holland 博士於 1985 年提出 RIASEC 這六個字母，代表的「Holland 職業代碼」系統，該系統主要目的在於建立「興趣」、「性格」、「職業」之間的對應關係，並據以對職業進行分類，經過多年的修正改善，Holland 職業代碼系統可說是目前最被廣為接受的職涯探索工具與職業分類體系之一（Holland, 1996）。

RIASEC 六個字母分別代表：Realistic（實做型）、Investigative（研究型）、Artistic（藝術型）、Social（社交型）、Enterprising（企業型）、Conventional（常規型）。每一種類型都有其獨特的職業興趣與人格特質，各個類型也有其技能強項，而這些興趣、人格特質、技能強項，也是深深影響職涯規劃的因素，達成引導大學生適性發展的目的，RIASEC 與職業取向有很強的關連（Holland, 1996；朱立安，2012）。其相關關聯見圖 3：

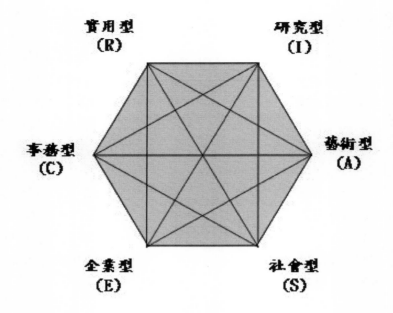

圖3　Holland 職業 RIASEC 六角代碼

（資料來源：Holland，1996年）

3 SMART 原則

　　SMART 原則由管理學大師 Peter Drucker 1954 提出，首先出現於他的著作《管理實踐》（The Practice of Management）一書中，而目標管理 SMART 原則包含 S=Specific、M=Measurable、A=Attainable、R=Relevant、T=Time-based 等五項，有關 SMART 原則意義（Drucker, 1954；吳岳軒，2016），分別說明如下：

1. 目標必須是具體的（Specific），訂定目標要具體而且聚焦。，這就不夠具體，也缺乏焦點。

2. 目標必須是可以衡量的（Measurable），所定的目標應當是「可測量的」。才能知道自己到底有沒有達成，將來在需要自我行銷的時候，我們就很難有效展現自己的能力。

3. 目標必須是可以達到的（Attainable），設定的目標應當是「可達成的」。這裡的意思是說，不要把自己的目標設定成完全「操之於人」，而是要能基本上「操之在己」。

4. 目標必須和其他目標具有相關性（Relevant）目標要「務實」並具有可能性。當然，所謂的務實並不是指一味的「避難就易」，而是要在難易之間求取一個平衡。

5. 目標必須具有明確的截止期限（Time-based），所有的目標都要有「時效性」，要設定完成的時程。

在設定自己的職涯探索計畫目標時，可以注意 Drucker 之 SMART 原則，如圖 4：

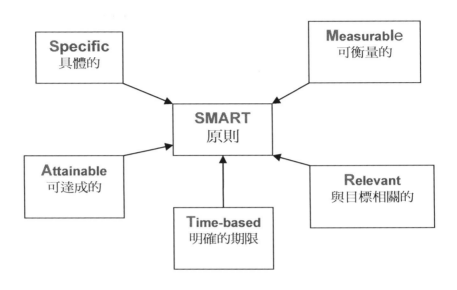

圖4　Drucker 之 SMART 原則
（資料來源：大專校院就業職能平臺，2018年）

三　大學職涯探索教育現況

目前大學教育多半考量人才培育、人力資本、競爭力之相互串連關係，針對職涯探索將相關教育資源作最有效安排，探討大學職涯探索教育現況別就政府政策、產學攜手合作計畫、職涯探索課程、職涯探索教育困境說明之。

（一）政府政策

政府為充實產業所需人才，厚植國家競爭力之政策目標，該推大專校院定位自身之產業連結特色，聚焦職涯探索及相關產學合作人才培育及技術研發，以領航發展相應之國內特色產業。關於大學職涯探索教育政府政策說明如下

1 教育部的大專校院就業職能平臺

大專校院就業職能平臺 U-CAN，是教育部推動一套結合職業興趣探索及職能診斷，職涯探索課程之政策，平臺協助大學生自我評估找尋職涯目標，並規劃自我能力養成計畫，以加強其職場就業相關職能，以適應日後職場需求（楊玉惠，2014）。

2 勞動部就業追蹤系統

勞動部 2014 年下半年起建置大專畢業生就業追蹤系統，定期比對跨部會資料，即時了解大專畢業生流向，並持續追蹤畢業後 5 年之就業情形。當專校院畢業生離校時，即先由學校確認畢業生接受就業服務意願，勞動部並可即時提供主動就業輔導及協助（勞動部，2018）。

3 臺灣就業通-學校與職場順利接軌

勞動部成立「臺灣就業通」網站加強在學青年對黏著度，配合學校期程，規劃各類宣導活動，使大專畢業生成為會員，建立政府與青年對話及提供就業、職訓服務之平臺（洪圭輝，2015）。

勞動部提供經費補助學校提供職涯諮詢師駐點服務，及辦理就業講座，協助在校青年順利 3 個月內即進入就業市場。針對未能順利就業之大專畢業生，以先僱後訓 3 個月訓練方式，由事業單位提供工作崗位訓練，提升事業單位僱用青年意願，穩定青年就業（勞動部，2018）。

（二）產學攜手合作計畫

教育部為鼓勵技專校院建立機制，針對業界具體之人力需求，包含創新產業或人才短缺產業，以就業銜接為導向，契合辦理相應之產業學程或建立產學共同連貫式培育方案，培育具有實作力及就業力之優質專業人才為業界所用。

1 產學合作背景與體系

教育部為解決產業缺工與高職、五專、技專學生以升學為導向之問題，2006 年推動產學攜手合作計畫，結合高職、五專與技專校院縱向之進修管道並與產業界攜手合作，培育符應產業需求之技術人才，兼顧學生就學與就業為基礎之產學教育模式（石慶豐，2015）。

此產學攜手合作計畫為產業界與學術界搭起橋樑，產學合作共分三大體系，第一個是由學校自己推動的產學合作機制，第二則是由教育部規劃的「區域產學合作中心」，第三則是扮演整合角色的「創新育成中心」。藉由三者的相輔相成，為「產學合作」注入源源不絕的能量，整合農業領域的資源與專業技術，幫助企業與廠商進行升級與轉型（教育部產學計畫網，2018）。

2 產學攜手合作計畫辦理模式

　　教育部及勞動部 2014 年成立跨部會平臺，具體合作協助大專畢業生就業，勞動部整合跨部會資料庫建置大專畢業生就業追蹤系統，以畢業生投保情形作為解大專畢業生就業流向，做為引導人才培育及青年就業政策規劃方向，並進行後續就業輔導（王淑俐編著，2016）。

　　產學攜手合作計畫係結合產業界、高職及技專校院，並加入勞動部勞動力發展署，學制採 3 合 1 或 4 合 1 模式，實施彈性學制與課程，並彈性運用師資及設備，發展出高職+二專 3＋2 模式、3＋2＋2 高職+二專＋二技模式、高職+四技 3＋4 模式或五專加二技 5＋2 模式之縱向銜接學制，高職學生可透過甄審升讀合作技專校院，並成為合作廠商員工，達成學用合一，升學加就業產學攜手合作計畫（洪圓詠，2016；教育部產學計畫網，2018）。

3 產學計畫類型

　　教育部推動的產學計畫有 3 大類型，分別為先導型、開發型、技術及知識應用型等，說明如下（Lowell, P. L.；李聲吼譯，2002；教育部產學計畫網，2018）：

1. 先導型：先導型是產業發展前瞻之技術或知識，增加產業未來競爭力，屬於高新創、高風險或需長期研發之先期研究產學合作計畫。
2. 開發型：開發型指為協助產業開發核心應用創新技術，包括合作企業對於特定產品或技術所共同創新開發之產學合作計畫。
3. 技術及知識應用型：技術及知識應用型簡稱應用型，為培育計畫執行機構之人才從事應用性研究計畫之基礎能力，結合民間企業需求，提升經營管理能力，並建構企業營運模式，增加產品附加價值或產出數位內容應用加值之產學合作計畫。

4 產學合作歷年執行情形

　　「契合式人才培育」學程是透過「產業學院」計畫，以就業實務為導向的產學合作人才培育計畫，所開設各種學分學程，都是以合作機構具體的技術人力需求為起點，由企業與學校共同來規劃實作課程及現場實務實習，以學程的方式幫助學生完成就業實務訓練，使其結業後能為合作機構正式聘用。此契合式人才培育學程將有助於學業與就業無縫接軌，幫助企業找到其所需人才，95~104 學年度產學合作歷年累計計畫數 449 件 34,175 學生參與（教育部產學計畫網，2018），相關執行情形見表一：

表一　產學合作歷年執行情形

學年度	計畫數	校數	產學班數	參與學生數
95	9	15	16	596
96	41	64	86	3,500
97	54	70	97	4,300
98	41	52	74	3,300
99	41	33	56	2,500
100	38	31	64	2,880
101	43	32	77	3,600
102	41	52	74	3,300
103	48	44	79	3,498
104	81	70	139	6,031
合計	449	460	774	34,175

（資料來源：教育部產學計畫網，2018年）

（三）職涯探索課程

　　教育部成立平臺，具體引導大學職涯探索課程，協助大學生日後就業，人才培育及青年就業政策規劃方向，職涯探索透過課程協助同學之學習意願與可塑性找到興趣、確定目標，走出自己的道路；強調執行力勝過好點子包括企劃力、做事方法、時間管理，並傳授求職及面試的準備，協助如何獲得職業資料，職涯探索課程分別由職能三課程、各大學職涯課程、課程安排案例探討之。

1　職能課程

　　大專校院相關就業職能教學善用 U-CAN 平臺的三個架構，包含「職業興趣探索」、「職能診斷」與「能力養成計畫」，來進行學生的職涯規劃步驟。有關 U-CAN 大專校院就業職能平臺三個架構及內容見圖 5：

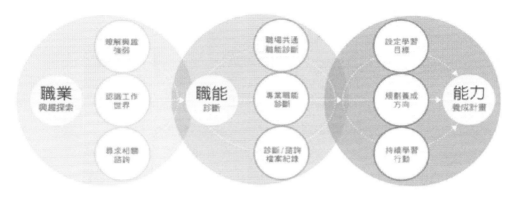

圖5　U-CAN 平臺的三個架構

（資料來源：大專校院就業職能平臺，2018年）

　　職涯探索課程能有效協助大學生確認自己動機、瞭解職涯發展方向，透過動機職能（DC）工作願景與工作倫理、群我倫理與績效表現方法、專業精神與自我管理；行為職能（BC）職場與職務之認知與溝通協調技能、工作團隊與團隊協作方法、工作夥伴關係與衝突化解能力；知識職能（KC）環境知識的學習與創新、價值概念與成本意識、問題反映與分析解決等三種及其他自行規劃課程，職能自我評估找尋職涯目標，並規劃大學生自我能力養成計畫（大專校院就業職能平臺，2018），職涯探索職能三大課程見表二：

表二　職涯探索職能三大課程

職能	課程碼	課程單元
動機職能	D1	工作願景與工作倫理
	D2	群我倫理與績效表現方法
	D3	專業精神與自我管理
行為職能	B1	職場與職務之認知與溝通協調技能
	B2	工作團隊與團隊協作方法
	B3	工作夥伴關係與衝突化解能力
知識職能	K1	環境知識的學習與創新
	K2	價值概念與成本意識
	K3	問題反映與分析解決
其他		自行規劃課程

（資料來源：大專校院就業職能平臺，2018年）

2 各大學職涯課程

　　大專院校設置職涯規劃課程的主要目的，在於培養學生在職場上應有的競爭能力與認知，主要包含職涯三大領域的重要課題包含職涯探索、職能發展、職場適應等，經上課過程中之互動討論、心得報告與實務演練等方式，使大學生得以學習到職場工作者必備的關鍵能力，提升未來在職場上的競爭發展優勢（楊育儀，2014）。

　　興趣與職涯之間的關係，不只影響大學生學習成果、學習意願及人際關係發展，對未來生涯規劃也具影響，若能及早提供學生適當的職業體驗與生涯探索機會，有利於大學生未來職涯發展定向，協助學生自我探索以及了解工作需求。（林冠逸，2016；教育部，2018）因此大學開設各類職涯相關課程，106 學年第 2 學期各大學職涯課程表三：

表三　106學年第2學期各大學職涯課程

課程名稱	課程數	系所數	校數	總修課人數
工程師的職涯探索	1	1	1	35
化學專業與職涯	1	1	1	46
幼教師職涯發展	1	1	1	39
英語職涯規劃	1	1	1	9
烘焙暨飲調職涯規劃	1	1	1	42
餐旅職涯規劃	1	1	1	36
餐旅職涯規劃與職能證照	1	1	1	67
餐旅職涯銜接講座	1	1	1	20
口腔衛生學系職涯規劃	1	1	1	28
公共衛生產業與職涯發展	1	1	1	35
公共衛生學系職涯規劃	1	1	1	44
生命科學職涯探索	1	1	1	53
心理學系職涯規劃	1	1	1	61
心理學與職涯規畫	1	1	1	54
臺灣生技產業與職涯規劃	1	1	1	6
物理治療職涯規劃（Ⅱ）	1	1	1	36
生物醫學暨環境生物學系職涯規劃	1	1	1	42
呼吸治療學系職涯規劃	1	1	1	41
物理治療職涯規劃	2	1	2	83
運動醫學系職涯規劃	1	1	1	53

課程名稱	課程數	系所數	校數	總修課人數
職能治療世界趨勢與生涯發展	1	1	1	29
職能治療學系生涯規劃	1	1	1	48
職能治療職涯規劃	1	1	1	45
醫學影像暨放射科學系職涯規劃	1	1	1	49
藥物檢測導論與職涯規畫	1	1	1	31
人力資源管理概論與職涯發展規劃	1	1	1	54
員工心理與職涯發展專題研究	1	1	1	6
全球化職涯發展實務	5	1	1	52
全球職涯發展	1	1	1	7
產業實習與職涯發展	1	1	1	48
通識-專業倫理與職涯發展	3	1	1	195
通識微型課程-職涯發展 A	1	1	1	21
通識微型課程-職涯發展 B	1	1	1	8
雙重職涯專題研究	1	1	1	2
職能生涯發展	1	1	1	46
職涯分析與規劃	1	1	1	36
職涯心理學	1	1	1	22
職涯列車講座	2	1	1	123
職涯定位	1	1	1	23
職涯知能與發展	2	1	1	37
職涯知能與發展（物）	1	1	1	52
職涯探索與自我發展 J1	1	1	1	64
職涯探索與自我發展 J2	1	1	1	49
職涯探索與規劃	1	1	1	38
職涯探索與發展	1	1	1	53
職涯規劃	3	3	3	132
職涯規劃導引	5	1	1	68
職涯發展	3	3	2	106
職涯發展理論與實務	2	2	1	124
職涯發展與生涯規劃	1	1	1	29
職涯發展與核心職能	1	1	1	16

課程名稱	課程數	系所數	校數	總修課人數
職涯發展與能力促進	1	1	1	30
職涯發展與準備	1	1	1	40
職涯策略規劃與專業倫理	1	1	1	20
職涯實務講座	1	1	1	79
職涯管理與諮詢研究	1	1	1	18
職涯與志業講堂	1	1	1	126
職涯與核心就業力	1	1	1	61
職涯輔導	1	1	1	17
職涯輔導與規劃	1	1	1	31
職涯興趣探索	1	1	1	24
職場生涯規劃（導師時間）	1	1	1	32
職業生涯規劃	2	2	2	32
職業教育與訓練 /生涯規劃	1	1	1	15
	83	53	36	2968

（資料來源：教育部，2018年）

　　在大學課程中融入職能與職涯概念，首要目的當然是提大升學生的就業能力，選擇職涯發展課程可以協助大學生，建構整體職涯發展的基本概念與能力，以補強自己的弱點或強化未來就業所需要的關鍵職能透過「工作坊」的實作演練，在專家的指導下，讓自己更知道如何應用並貼近職場的需求，讓大學生在畢業後能夠有更好的學以致用機會與更多的就業進路（朱錦鳳，2013）。

3 職涯課程安排案例

　　大學教育具有培育人才和促進社會進步的重要功能，各國致力於教育品質的提升，而教學品質保證學生學習成效，教育部在 2012 年舉辦的 U-CAN 學校教學應用研討會，中國科技大學張偉斌（2012）分享該校以學生需求與特質為出發，結合 U-CAN 發展校內教學品保機制，以職能內容應用與推廣，設計發展職場實境解密及以 UCAN「專業職能」對應該校課程地圖，實踐職能養成目標。

（1）聚焦三大能力指標引導課程發展

　　中國科技大學的教學品保制度規劃以「畢業即就業」確保教學目標的達成，聚焦三大能力指標：基礎能力、職場能力及專業能力，用以引導課程發展，其中職場能力包括

人際互動、群我關係與生涯發展三項，該校並開設三門職涯課程，分別為大一修習職涯規劃、大二修習溝通表達、大三修習專業倫理（張偉斌，2012；中國科技大學，2018）。

（2）中國科大教學品保發展規劃機制

　　該校於 2009~2011 年展開一系列教學品保工作，先以系統發展為主，完成全校課程地圖、畢業門檻及能力指標查詢平臺、開發就業能力探索互動遊戲；再陸續完成學生學習歷程檔案 E-Portfolio、開發畢業門檻填報平臺，並導入 U-CAN 大專校院就業職能平臺；最後則在於職能內容應用與推廣，以 U-CAN「專業職能」對應該校課程地圖，實踐職能養成職涯目標，從這樣的角度出發，透過課程中之參與學習，引領學生在學階段進行職業興趣探索與自我優勢分析，並且養成未來在職場的適應力與學習力，進而提升學生畢業後的就業與發展的能力（張偉斌，2012）。有關於中國科技大學—大專校院就業職能平臺 U-CAN 與教學品保結合實務作法及架構詳見圖 6：

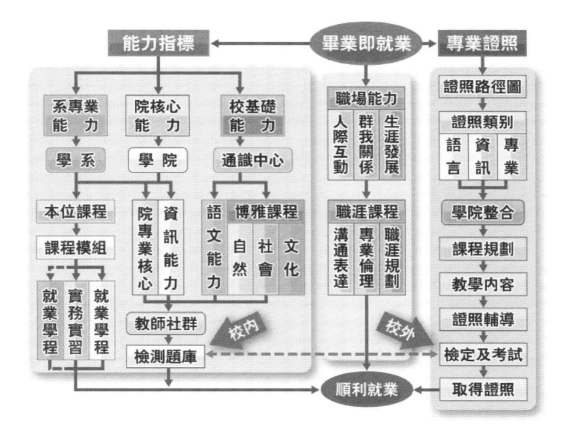

圖6　中國科技大學 U-CAN 教學品保課程架構圖

（資料來源：中國科技大學，2018年）

（四）職涯探索教育困境

對於大學生而言職涯規劃與探索課程有助於養成職涯探索、職場適應、職能發展等三大領域的職場核心能力，課程主要定位為就業取向的校園職涯教育課程，並作為銜接專業領域學科與實際工作世界的橋樑，藉以提升學生之就業核心競爭力（Niles, S. G.主編；彭慧玲、蔣美華、林月順譯，2010）。但部分學生不關心自己的未來、不太勇於嘗試、學生很少使用 U-CAN、學生資訊不足缺乏動機等因素造成職涯探索課程推行上之困難，有關職涯探索教育困境探討如下：

1 學生不關心自己的未來

學生不關心自己的未來或學生對職涯規劃也都不太在意，在 2011 年教育部 U-CAN 計畫辦公室辦理過五場針對學生的校園活動中，實際 400 多位的大學學生，對於未來的職場就業有沒有疑慮或是擔心的地方，發現多數學子對於其所學的專業與未來發展的關係或對未來工作世界的不了解之問題，最為凸顯（大專校院就業職能平臺，2018）。同學可以透過 U-CAN 平臺選定一項職能做為目標，透過各種方式（修讀相關課程等）來訓練自己的能力。透過職業興趣探索、職能診斷、能力養成，提供同學一個指引工具拉近和夢想的距離，練出職場勁爭力（石慶豐，2015）。

2 學生不太勇於嘗試

許多大學生可能還真的不知道自己的興趣在哪裡，好像沒有特別喜歡什麼，不知如何發展，因此退縮不太敢勇於嘗試職涯探索，可以透過與師長朋友的協助，或者透過大專校院就業職能平臺 U-CAN 瞭解自己的職業興趣或職能強弱，藉由 U-CAN 評測輔助工具來認識自己，展開具體的行動計畫。鼓勵大學生學勇於嘗試，協助大學生找到職涯的方向，以多層面作訴求，將能引導大學生尋求個人的目標方向及夢想，並協助運用學校的課程指導和校園所提供的各類資源工具，帶領大學生朝職涯目標邁進（Lowell, P. L.；李聲吼譯，2002）。

3 學生很少使用 U-CAN

學生修習雖職業生涯規劃課程，但卻很少使用 U-CAN，而對於大學生而言，大專校院就業職能平臺 U-CAN 測驗只是引發學生關注自己未來生涯的媒介，生涯議題最終還是回歸個人，要如何引導學生從診斷結果，進而規劃個人能力發展計畫，唯有引起學生的熱情，給予適當引導與資源，才讓學生能更早、更重視自己的未來（林冠逸，2016）。

4 學生資訊不足缺乏動機

大學生涯教師與職涯輔導教授，在上職涯課程或是與學生進行一對一輔導時，往往會發現學生在面對職涯議題時，普遍存有「三不」特質，「不會選擇」、「不斷選擇」，以及「不堅持選擇」三問題。根源大概是因資訊不足缺乏動機，背後通常潛藏著四個因素（孫本初、傅岳邦、宣介慈，2011；林俞均，2013）：

1. 不知道該如何做決定，包括習慣接受父母或他人的安排與意見，失去為自己做選擇的能力。
2. 對於所學習的科系專業沒有興趣、缺乏動機。
3. 對所學專業與未來發展的關係不清楚。
4. 對工作世界的資訊不足。

可將大專校院就業職能平臺 U-CAN 所提供的專業職能提供為資訊教材，帶領大學生認識本科系的專業職能有哪些，然後瞭解透過系上哪些。學習管道或課程，可協助學生打造累積自己的專業職能後，再進一步引導至能力養成計畫與就業動機（張偉斌，2012；郭蕙寧，2017）。

四　職涯探索教育展望

職涯探索教育課程與大專校院就業職能平臺 U-CAN 最重要的任務，便是協助大學生做出「適合職涯探索的決定」。引導學生思考自身的人格特質、成長需求、工作認知等特質，期能協助其發展未來的就業準備與生涯規劃（孫本初、傅岳邦、宣介慈，2011）。有關職涯探索教育展望分別說明如下：

（一）協助學生提前進行職涯規劃

課程協助大學生配合職涯探索，提早瞭解自我職能方向，提前職涯規劃最大優點就是在生活和工作上有具體職涯目標，有職涯目標知道自己要走的路，才能集中力量，努力朝向職涯目標邁進。因此 U-CAN 可在大學生人生的旅程中指點要的路，如何走？走到那裡？職涯、生活、工作就會由被動轉為主動，由退縮轉為進取，由悲觀轉為樂觀（Lowell, P. L.；李聲吼譯，2002）。

（二）培養生涯能力、作決定的能力

針對大學生需強化的職涯探索課程，透過 U-CAN 查詢校內或其他外部培訓機構的

相關課程，規劃大學生職涯能力養成計畫，提供大學生編輯規劃、紀錄及管理能力養成計畫功能，作為自我學習歷程的紀錄。並培養生涯探索與判斷能力，在最恰當的時候做最恰當的選擇，如有衝突要考量得失利弊，做智慧的選擇，選擇時要有前瞻性、預估性的看法，才是萬全之策，同時與決定有關之風險也要一併考量，得失自己負責，盡量做到完美、追求卓越（陳澤義，2016）。

（三）帶領學生更早認識工作世界，瞭解職業與職能概念

讓大學生及早認識工作世界以貼近產業需求的職能為依據，增加學生對職場趨勢、職能的瞭解，降低學用落差所造成之就職不易、或因職涯方向未定導致轉職率高之問題。大學生能瞭解職業與職能概念以便依工作規劃、目標管理及時間表中依序進行，一步步成長，看到小目標、中目標到大目標的形成，積小步為大步，積小成功為大成功後，對大學生自己有更多的自信心，能化被動為主動，自然能掌握未來，建立成功的人生（林俞均，2013）。

（四）應用職涯探索工具，協助學生盡早發現興趣特質

當大學生進行 U-CAN 職業興趣探索的量表測驗時，其實就是在幫助大學生「確認」哪些是自己喜歡的活動，U-CAN 共通職能包括：溝通表達、持續學習、人際互動、團隊合作、問題解決、創新、工作責任與紀律、資訊科技應用八大項目（大專校院就業職能平臺，2018）。量表有助於激發出大學生對於「自我探索」的動機，這個過程甚至比測驗結果更為重要！而量表的診斷結果，則有賴於輔導者的詮釋與引導，U-CAN 學生自評的八大共通職業能力，對於大學生能否順利地進入就業市場有相當的關係。這個結果，值得大專院校教育的工作者認真地看待。

（五）透過諮詢服務機制及網絡建立，協助學校強化對學生就業輔導之效能

提供大學生「職場共通職能」及「專業職能」各項職能相關的知識技能及有關的學習活動項目，以引導學習者依個人所需，規劃大學生個人能力養成計畫。透過選擇養成項目、規劃及管理能力養成計畫的歷程，協助大學生規劃並養成所需職能（郭欣易、龔熒慧、鄭佳欣，2014）。

協助尚未確認職涯方向大學生探索職業興趣，進而規劃個人職涯發展。透過檢視診斷結果及能力養成計畫，可了解整體及個別學生專業能力的強弱，協助大學生有目標的

養成能力（許南雄，2014）。

職涯探索課程之功能分別包含職涯輔導、就業力提升、職場接軌等三方向，協助大學生進行職涯探索，找出自己適合職涯探索的決定。如圖7：

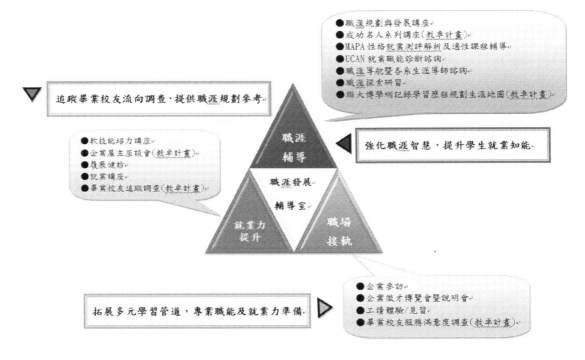

圖7　職涯探索課程之功能

（資料來源：楊玉惠，2014年）

綜合言之職涯探索教育展望協助學生提前進行職涯規劃；培養生涯能力、作決定的能力；帶領大學生更早認識工作世界、瞭解職業與職能概念；應用職涯探索工具，協助學生盡早發現興趣特質；透過諮詢服務機制及網絡建立、協助學校強化對學生就業輔導之效能。

五　結語

職涯成功的人士除了有目標，有理想，最重要的就是要有及早的職涯規劃，不斷學習充實知識技能吸收資訊持之以恆掌握努力掌握自己的職涯路，職涯路充滿有挑戰性，最重要的是自己喜歡的，真正想要的職涯目標。希望每個大學生都能做自己的職涯規劃，突破生涯迷惘，圓夢人生，走出自己的一片天空。有關以大專校院就業職能平臺 U-CAN 使用之大學職涯探索教育能有以下貢獻：

一、協助大學生認識自己的特質及價值所在，迅速而完整地認識工作世界。協助學生配合職涯規劃，提早瞭解自我職能缺口，規劃能力養成計畫。帶領學生更早認識工作世界，瞭解職業與職能概念。

二、協助大學生瞭解工作只是人生的一部份，而非所有，協助尚未確認職涯方向者探索職業興趣，進而規劃個人職涯發展。培養生涯能力、作決定的能力。

三、應用職涯探索工具，協助學生盡早發現興趣特質，協助找出適合自己人格特質的工作。

四、降低學用落差所造成之就職不易、或因職涯方向未定導致轉職率高等問題。了解職場文化，建立良好工作態度。.探究職場倫理，確立正確的價值觀與道德觀。

五、透過大專校院就業職能平臺 U-CAN 諮詢服務機制及網絡建立，協助學校強化對學生就業輔導之效能。

引註資料

中文部分

Lowell, P. L.、李聲吼譯　《技職教育哲學──多元概念的探討》　臺北市　五南圖書公司　2002年

Niles, S. G.主編　彭慧玲、蔣美華、林月順譯　《成人生涯發展──概念、議題及實務》　臺北市　心理出版社　2010年

Swanson, J. L., &; Fouad, N. A、簡文英等譯　《生涯理論與實務工作──案例學習》臺北市　巨流圖書公司　2010年

王淑俐編著　《生涯發展與規劃》　臺北市　揚智文化事業公司　2016年

石慶豐　〈職業訓練學員學習動機與職涯發展能力關係之研究──以高雄市政府委辦職訓為例〉　《社科法政論叢》　第3期　2015年　頁91-101

石　銳　《人力資源管理與職涯發展》　臺北市　揚智文化事業公司　2003年

朱立安　《職場倫理》　臺北市　揚智文化事業公司　2012年

朱庭瑩　《創業課程學生的創業活動歷程與生涯規劃──以國立成功大學精實創業進階課程為例》　國立成功大學教育研究所碩士碩士論文　2017年

朱錦鳳　〈多元智能職涯探索量表之發展〉　《教育研究與發展期刊》　第9卷第4期　2013年　頁29-55

吳岳軒　〈英國與美國公務人員職涯發展培育措施之探討〉　《人事月刊》　第367期　2016年　頁52-66

吳芝儀　〈從美國職涯類群模式前瞻我國生涯發展教育〉　《教師天地》　第177期　2012年　頁25-29

吳芝儀　《生涯發展的理論與實務》　臺北市　揚智文化事業公司　1996年

吳芝儀、楊育儀、黃財尉、朱樹燊　〈取徑志願服務邁向青年提升核心就業力之路：以臺灣為例〉　《教育學報》　第43卷第2期　2015年　頁27-50

林俞均　《新加坡職涯教育與訓練制度對我國的意涵之研究》　國立臺北科技大學技術及職業教育研究所碩士碩士論文　2013年

林冠逸　《學生職涯資訊來源、自我效能與實習選擇傾向之研究》　南開科技大學休閒事業管理研究所碩士碩士論文　2016年

洪圭輝　〈青年職涯發展與促進就業〉　《就業安全》　第14卷第1期　2015年　頁60-74

洪圓詠　《畢業生職涯規劃與修課課程推薦之資料關聯性研究》　國立臺北教育大學數位科技設計學系含玩具與遊戲設計碩士班碩士論文　2016年

孫本初、傅岳邦、宣介慈 〈職涯規劃的內涵與實務〉 《T&D 飛訊》 第17期 2011年 頁17-23

張偉斌 〈UCAN 與教學品保結合實務作法──以中國科技大學為例〉 臺北市 教育部 UCAN 學校教學應用研討會 2012年

張德聰 〈如何協助青年成功職涯規劃──準備好再上路！〉 《臺灣勞工季刊》 第18期 2009年 頁86-93

莊明珠、郭德賓 〈餐旅技職院校學生校外實習對職涯規劃影響之研究：以國立高雄餐旅學院餐飲管理科系為例〉 《花蓮教育大學學報》 第26期 2008年 頁101-124

許南雄 《生涯發展──生涯規劃‧發展‧管理與願景》 臺北市 商鼎數位出版公司 2014年

郭欣易、龔燊慧、鄭佳欣 〈餐旅技職大專院校校外實習課程對學生職涯規劃之影響〉 《嘉大體育健康休閒》 第13卷第1期 2014年 頁56-68

郭蕙寧 〈希望理論在團體諮商的應用──以大學生職涯團體為例面〉 《諮商與輔導》 第375期 2017年 頁31-34

陳玄岳 〈提昇品質專業職能與職涯發展規劃整合〉 《品質月刊》 第51卷第1期 2015年 頁29-31

陳澤義 《生涯規劃》 臺北市 五南圖書公司 2016年

楊玉惠 〈大專校院學生就業職能平臺應用之探析〉 《教育研究月刊》 第243期 2014年 頁71-87

楊育儀 〈促進組織效能的職涯發展理論及管理應用：理論依據暨實證探討〉 《文官培訓季刊》 第5期 2014年 頁41-53

楊惠芬、謝哲人、楊謹瑋、廖俊豪、李巧如 〈MAPA 職業適性測驗與學生職涯發展策略建置之探討〉，《遠東學報》 第31卷第2期 2014年 頁179-193

楊筱瑩 《我國科技大學保險金融學群學生職涯興趣與核心職能關係之研究──大專校院就業職能診斷平臺之應用》 朝陽科技大學保險金融管理系碩士班碩士碩士論文 2012年

葉松輝、王湧泉、黃佳純 〈資從業人員角色知覺、知覺組織支持、專業承諾與職涯滿足關係之研究〉 《社科法政論叢》 第3期 2015年 頁75-89

詹俊成、林裕恩、林郁偉、廖宗耀、陳素青 〈大學體育系學生生涯選擇影響因素之研究--以社會認知生涯理論驗證〉 《體育學報》 第49卷第3期 2016年 頁317-335

歐陽慧蓉 《人格特質、職涯自我效能與職涯滿足關聯性之研究》 國立臺灣師範大學科技應用與人力資源發展學系碩士碩士論文 2017年

外文部分

Drucker,Peter (1954). The Practice of Management, New York: Harper.

Holland, J. L. (1996). Exploring Careers With a Typology: What We Have Learned and Some New Directions. American Psychologist, 51(4), 397-406.

Super, D. E. (1981). Career development in adulthood: Some theoretical problems and a possible solution. British Journal of Guidance & Counseling, 9(2), 194-201.

網路部分

加拿大 Waterloo 大學　2018年　職涯規劃線上手冊
　　　　https://emanual.uwaterloo.ca/login_new.aspx
大專校院就業職能平臺　2018年　大專校院就業職能平臺網
　　　　https://ucan.moe.edu.tw/help/faq.aspx
中國科技大學　2018年　中國科技大學教學卓越計畫網
　　　　http://www.cute.edu.tw/ote/index2.htm
教育部　2018年　大學校院課程資源網
　　　　http://ucourse-tvc.yuntech.edu.tw/WebU/index.aspx
教育部產學計畫網　2018年　教育部產學攜手合作計畫網
　　　　https://www.iaci.nkfust.edu.tw/module/RegionCooperation/Partner/PartnerSchools.aspx?n=338
勞動部　2018年　大專畢業生就業追蹤系統
　　　　https://www.mol.gov.tw/announcement/2099/24324/

心智圖融入閱讀寫作教學模式之研究

——以〈勞山道士〉為例

邱凡芸[*]

摘　要

　　心智圖（Mind Map）以圖像方式呈現思維，於各領域，已廣為使用。筆者長年來，利用心智圖，幫助學生解析文章架構，畫出課堂上講授文章之心智圖。在經過一次又一次的教學省思與改進後，筆者發現，心智圖除了可以幫助學生閱讀文章之外，亦可以應用於寫作。因而以此為題，進一步深入探索。本研究旨於提出心智圖融入閱讀與寫作教學之模式，進行教學實驗，並依據教學實驗結果提出建議。研究方法採心智圖法。教學對象73人。教學模式如下：一、教師講解文章內容。二、請學生畫出該篇文章之心智圖Ａ。三、請學生模仿自己所繪製之心智圖Ａ，自訂新作文題目，再繪製一份新的心智圖Ｂ。四、請學生依據所繪製新的心智圖Ｂ，撰寫作文。研究結果發現，學生繪製之心智圖呈現不同類別，均有助於學生對文章之閱讀理解。並且，運用學生自行繪製之心智圖，進一步發展，可引導學生寫出架構較完整之文章。

關鍵詞：心智圖、閱讀、寫作、教學模式

---

*　邱凡芸：國立金門大學華語文學系助理教授。

一　前言

　　筆者從事閱讀、寫作教學，已達十餘年。經常遇到學生讀完整篇文章之後，不知文章之重點在何處？或是，學生寫作，架構不完整，缺乏創造力。也發現大部份學生無法將閱讀之文章消化吸收，成為自己創作文章之養分等等問題。在一次偶然機會中，筆者看到有位教自然科之教師，請學生分組討論，以心智圖繪製出學生對某段課文之理解。學生繪製而成之心智圖，圖文並茂，架構完整，讓人印象深刻。筆者因而將心智圖融入閱讀教學，或是將心智圖融入寫作教學。經過數次嘗試與改進，發現形式自由的心智圖，與傳統的階層圖相比較，受到更多學生之喜愛。因此，本研究旨於提出心智圖融入閱讀與寫作教學之模式，進行教學實驗，並依據教學實驗結果提出建議。

　　心智圖（Mind Map）起源於博贊兄弟（Tony Buzan 以及 Barry Buzan）觀察出大自然經常呈現出放射性的結構。例如：大樹的枝椏、針狀的花朵、植物散開的葉脈，以及人類大腦神經等等，均呈現放射性的結構。經過許多的討論與實驗，他們利用人類大腦對圖像自然的反應，提倡放射性思考（Radiant Thinking）發明了心智圖法（Mind Mapping），幫助了許多曾經被認定為學習障礙的學生，提高學習效能，甚至有一些受過心智圖法訓練的學生，將此法運用在課業學習方面，最終得到優秀成績。（孫易新譯，2007；陳素宜、孫易新譯，2007）

　　大約從1971年，博贊兄弟提出心智圖的初步構想，受到大眾的關注。直到如今，心智圖法已經廣為各領域所應用。企業界喜愛以心智圖法進行管理；學界常用心智圖法構思論文；教育界則利用心智圖法尋求教學成效的提昇。心智圖法是一種「以視覺化圖像為基礎的放射思考模式」，其四個主要核心概念為「關鍵詞」（Key Word）、「放射思考的圖解結構」（Radiant Thinking）、「色彩」（Color）與「圖像」（Picture Image）。（孫易新，2014）

　　在閱讀方面，有學者針對心智圖法於閱讀教學之應用進行研究。有學者發現利用心智圖法軟體可以有效促進外語學習者閱讀文章的理解能力。（Koshali&Gorjian, 2016）有學者認為心智圖法可提升伊朗學生閱讀英語的理解力。（Tabrizi&Esmaeili, 2016）。亦有學者發現心智圖法可增進學習障礙學生之閱讀理解能力。（林佳蓉，2012）

　　在寫作方面，有學者針對心智圖法於寫作教學之應用進行研究。有學者發現心智圖法能有效地提昇約旦學生的寫作能力，並建議使用於外語教學。（Al-Zyoud, Al Jamal &Baniabdelrahman, 2017）有學者認為心智圖法能提昇於多語言的學習者對寫作的興趣。（Wette, 2017）有學者將心智圖法應用於外語（德語）課程，發現可影響學生寫作前的規劃。（Abrams, 2016）。有學者將心智圖應用於小學英語仿寫活動，獲得良好的效果。（景嫣，2016）。有學者進行教學實驗，認為心智圖法有助於學習者創造力與寫作之表現。（錢昭君、張世彗，2010）

在讀寫方面，有學者研究心智圖法運用於英文讀寫之研究，認為可激發學生對英文詞彙的創造力與想象力。（薛梅，2014）。有學者比較心智圖法與概念圖法之異同，提出多種概念模組，供心智圖閱讀寫作教學使用。（王開甫，2008）

以上可知，心智圖法已經廣為運用於不同的領域，且得到許多成效。而心智圖法於閱讀或是寫作之應用與研究，亦已有不少教學者與研究者付出許多心力。然而，較少學者設計一套閱讀教學模式，將心智圖法、閱讀、寫作三者彼此相連結。因此筆者以此為題，進行深入之探索與研究。

二　研究方法

（一）研究對象

本研究對象，為19歲修習國文課程之大一學生，總計73人。學生為來自理工學院、人文藝術學院、管理學院之各系學生。大部分學生並未聽過心智圖或心智圖法。

（二）資料編碼

研究所得資料，總計73份。每位學生編碼為1至73號。學生繪製之圖 A，編碼為A。學生繪製之圖 B，編碼為 B。學生創作之文章，編碼為 C。編碼1號學生繪製之圖A，以「1A」表示。編碼2號學生繪製之圖 B，以「2B」表示。編碼3號學生創作之文章，以「3C」表示。其餘以此類推。

（三）教學流程

本研究每週進行100分鐘，為期三週。本研究教學流程，請參考圖1。

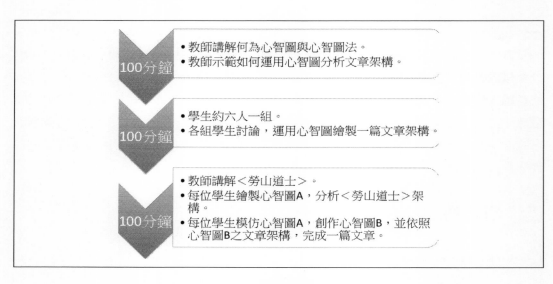

圖1　教學流程圖

（資料來源：作者自製）

（四）研究架構

　　本研究先設計教學模式，再進行教學實驗，接著分析實驗結果，最後給予未來使用心智圖進行閱讀、寫作教學之建議。本研究架構，請參考圖2。

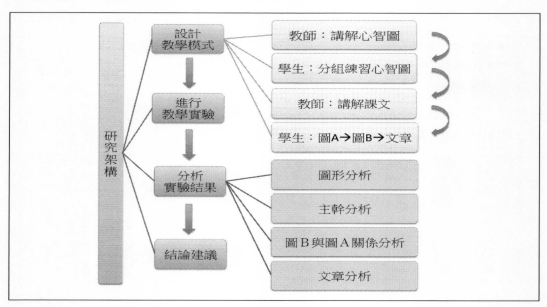

圖2　研究架構圖

（資料來源：作者自製）

三 研究結果

以編號49學生學生為例。圖3為其解析〈勞山道士〉繪製之心智圖Ａ。圖4為其模仿心智圖Ａ繪製之心智圖Ｂ。圖5為其依循心智圖Ｂ撰寫之文章。

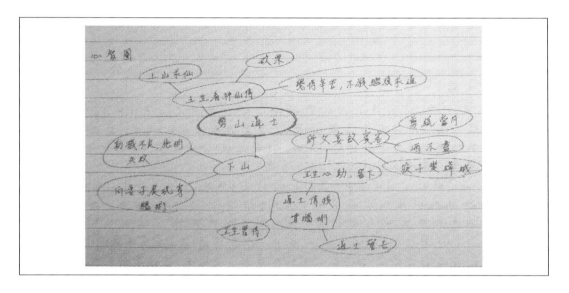

圖3 學生心智圖Ａ舉隅

（資料來源：黃若瑄繪製並經同意使用）

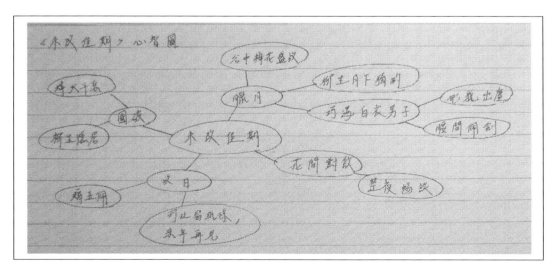

圖4 學生繪製心智圖Ｂ舉隅

（資料來源：黃若瑄繪製並經同意使用）

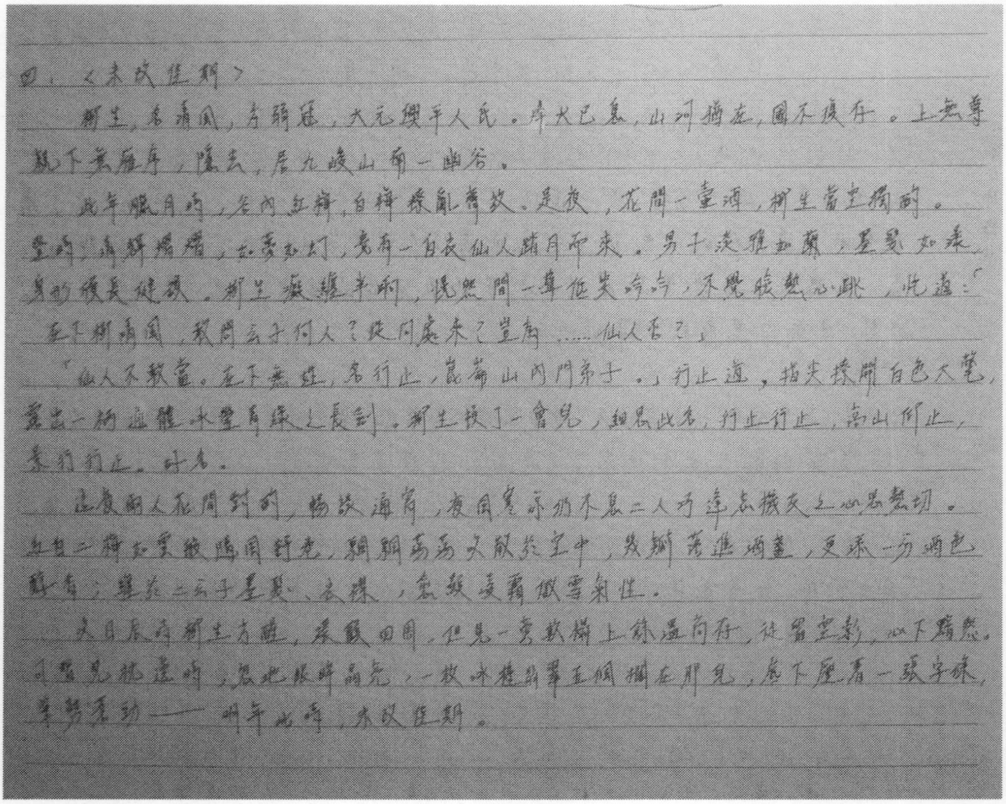

圖5　學生創作文章舉隅

（資料來源：黃若瑄創作並經同意使用）

本研究73位學生作品分析簡表，請參考表一。

表一　本研究73位學生作品分析

編號	圖A核心	圖A圖形（主幹）	圖B核心	圖B圖形（主幹）	作文字數
1.	勞山道士	心智圖-文章架構（起因、發展、轉折、高潮1、高潮2、結尾）	倒垃圾	仿圖A	150
2.	勞山道士	網狀圖-情節短句	逃命	仿圖A	150
3.	勞山道士	心智圖-文章架構（起因、發展、轉折1、高潮1、轉折2、高潮2、結尾）	練羽球	仿圖A	105

編號	圖A核心	圖A圖形（主幹）	圖B核心	圖B圖形（主幹）	作文字數
4.	勞山道士	網狀圖-情節短句	善意當不求回報	網狀圖-故事角色	0
5.	勞山道士	網狀圖-情節短句	愛上BTS	仿圖A	360
6.	勞山道士	網狀圖-情節短句	音樂人	仿圖A	0
7.	勞山道士	心智圖-情節關鍵詞（發生、上山、挫折、法術、轉折、授法、下山）	百年奇才詹生	仿圖A	230
8.	勞山道士	心智圖-文章架構（起因、發展、轉折1、高潮1、轉折2、高潮2、結尾）	自創故事	仿圖A	110
9.	勞山道士	網狀圖-情節短句	無	無	0
10.	勞山道士	心智圖-文章架構（起因、發展、轉折1、高潮1、轉折2、高潮2、結尾）	無	無	0
11.	勞山道士	網狀圖-情節短句	不知明主角	仿圖A	60
12.	勞山道士	網狀圖-情節短句	三人行	仿圖A	220
13.	勞山道士	心智圖-文章架構（起因、發展、改變想法、結果）	無	無	0
14.	勞山道士	心智圖-文章架構（起因、發展、轉折1、高潮1、轉折2、情節短句）	掃雷勇士	仿圖A	150
15.	勞山道士	心智圖-文章架構（起因、發展、轉折1、高潮1、轉折2、高潮2、結尾）	養寵物失敗	無	0
16.	勞山道士	網狀圖-情節短句	大一生的我	仿圖A	570
17.	王七	網狀圖（情節短句、情節關鍵詞）	不被祝福的人	仿圖A	0
18.	勞山道士	網狀圖-情節短句	三個人	網狀圖-故事角色	150
19.	勞山道士	網狀圖-情節短句	企劃案	無	0

編號	圖A核心	圖A圖形（主幹）	圖B核心	圖B圖形（主幹）	作文字數
20.	勞山道士	心智圖-文章架構（起因、發展、轉折、結局）	意想不到	無	360
21.	勞山道士	心智圖-情節關鍵詞（人物、起初、過程、宴會、後來）	王小兔奇遇記	仿圖A	410
22.	勞山道士	網狀圖-情節短句	單車	仿圖A	210
23.	勞山道士	網狀圖-情節短句	鐵拳武樺	仿圖A	450
24.	勞山道士	網狀圖-情節短句	孔男	仿圖A	230
25.	勞山道士	心智圖-故事角色	小熊飛行記	仿圖A	170
26.	勞山道士	心智圖-文章架構（起因、發展、轉折1、高潮1、轉折2、高潮2、結尾）	○○同學的建築里程	仿圖A	210
27.	勞山道士	心智圖-文章架構（起、承、轉、合）	志願選填	仿圖A	340
28.	勞山道士	網狀圖-情節短句	無	無	0
29.	勞山道士	心智圖-故事角色	考前認真與否	情節短句	105
30.	勞山道士	網狀圖-情節短句	小明歷險記	仿圖A	0
31.	勞山道士	心智圖-文章架構（起因、發展、轉折1、高潮1、轉折2、高潮2、結尾）	百合的奇幻之旅	仿圖A	180
32.	勞山道士	流程圖（故事角色）	王○○	心智圖	230
33.	王七	網狀圖-情節短句	我	心智圖	350
34.	勞山道士	心智圖-文章架構（起因、過程、低潮、高潮、轉折、結尾）	手手痛痛	仿圖A	330
35.	勞山道士	流程圖-故事角色、情節短句	貪心的魔術師	仿圖A	300
36.	勞山道士	網狀圖-情節短句	美食之旅	仿圖A	0
37.	無	無	無	無	105
38.	勞山道士	心智圖-文章架構（起因、發	無	無	0

編號	圖 A 核心	圖 A 圖形（主幹）	圖 B 核心	圖 B 圖形（主幹）	作文字數
		展、轉折1、高潮1、轉折2、高潮2、結尾）			
39.	勞山道士	心智圖-文章架構（起因、發展、轉折1、高潮1、轉折2、高潮2、結尾）	無	無	0
40.	無	無	排球與我	流程圖	250
41.	勞山道士	網狀圖-情節短句	佩佩豬	心智圖	30
42.	勞山道士	心智圖-文章架構（開頭、過程、結局）	太湖的女神	仿圖 A	120
43.	勞山道士	網狀圖-情節短句	平淡	仿圖 A	290
44.	勞山道士	心智圖-文章架構（起因、發展、轉折1、高潮1、轉折2、高潮2、結尾）	沙漠三人	仿圖 A	0
45.	勞山道士	心智圖-故事角色、情節關鍵詞	我	仿圖 A	140
46.	書生王七	網狀圖-情節短句	無	無	110
47.	勞山道士	心智圖-文章架構（起因、發展、轉折、情節短句、高潮、結尾）	無	無	0
48.	王生、道士	流程圖-情節短句	夢	網狀圖	100
49.	勞山道士	心智圖-情節短句、情節關鍵詞	未改佳期	仿圖 A	470
50.	勞山道士	心智圖-情節短句、情節關鍵詞	自欺的石頭	仿圖 A	450
51.	勞山道士	心智圖-文章架構（起因、發展、轉折、結局）	草藥之王	仿圖 A	288
52.	勞山道士	心智圖-文章架構（起因、發展、轉折、結局）	平凡是嗎？	仿圖 A	220
53.	勞山道士	階層圖（左至右）-情節短句	醜女大變身	仿圖 A	270
54.	勞山道士	階層圖（左至右）-情節短句	米卡變鳳凰	仿圖 A	310

編號	圖A核心	圖A圖形（主幹）	圖B核心	圖B圖形（主幹）	作文字數
55.	勞山道士	階層圖（左至右）-情節關鍵詞（開始、實踐、退卻、回家）	大家看看他	仿圖A	280
56.	勞山道士	心智圖-文章架構（人、事、時、地、物）	無	無	300
57.	勞山道士	心智圖-文章架構（人、事、時、地、物）	排球選手	仿圖A	80
58.	勞山道士	心智圖-情節關鍵詞、情節短句	下雨天	仿圖A	160
59.	勞山道士	心智圖-情節短句	球球	仿圖A	270
60.	勞山道士	流程圖-文章架構（起因、過程、轉折、高潮、轉折、過程、結局）	流浪漢與盒子	仿圖A	270
61.	勞山道士	流程圖-情節短句	腳踏實地的人	仿圖A	70
62.	勞山道士	心智圖-文章架構（起因、發展、轉折、精彩1、轉折2、精彩2、結尾）	無	無	0
63.	勞山道士	流程圖-情節短句	小明來〇〇	仿圖A	0
64.	聊齋	網狀圖-情節關鍵詞、情節短句	人性兩難	仿圖A	160
65.	勞山道士	心智圖-情節關鍵詞	零分裂痕	仿圖A	210
66.	勞山道士	階層圖（左至右）-情節短句	無	無	0
67.	勞山道士	心智圖-文章架構（人、事、時、地、物）	士兵徵婚記	仿圖A	80
68.	勞山道士	心智圖-文章架構（個性、開始、轉折、結果）	愛幻想的小磷蝦	仿圖A	480
69.	勞山道士	網狀圖-情節關鍵詞、情節短句	毛毛蟲	仿圖A	500
70.	勞山道士	心智圖-情節短句	至聖先師	仿圖A	240
71.	勞山道士	階層圖（上至下）-情節短句	這是吃狗	仿圖A	0

編號	圖 A 核心	圖 A 圖形（主幹）	圖 B 核心	圖 B 圖形（主幹）	作文字數
			糧的時代		
72.	勞山道士	心智圖-情節短句	馬和驢	仿圖 A	280
73.	勞山道士	階層圖（左至右）-文章架構（起因、發展、轉折、結局）	驚魂之夜	仿圖 A	330

（資料來源：作者自製）

以下依序分析圖 A 樣式、圖 A 主幹、圖 A 與圖 B 關係，以及文章字數。

（一）圖 A 樣式分析

筆者將73位學習者繪製的圖 A，歸納成四大類：心智圖（請參考圖6）、網狀圖（請參考圖7）、流程圖（請參考圖8）、階層圖（請參考圖9）。

研究結果可知，學習者依據自己心中對心智圖的理解，繪製出不同類別的圖形。有36位學習者畫出心智圖，表示他們可以理解心智圖，以一個核心向外放射之特色，並應用於〈勞山道士〉之分析。有23位學習者畫出網狀圖，他們繪製的圖 A，有的並非只有一個核心（如圖7為雙核心相連的結構），有的主幹與主幹、枝幹與枝幹彼此相連，呈現類似網狀的結構。有6位學習者畫出流程圖，他們喜好以單線，以及直線箭頭或彎曲的箭頭，呈現文章架構。有6位學習者畫出嚴謹的階層圖，有的由左至右，有的由上至下。只有2位不知如何以圖形呈現文章架構。四類學習者繪製圖 A 樣式之統計圖，請參考圖10。

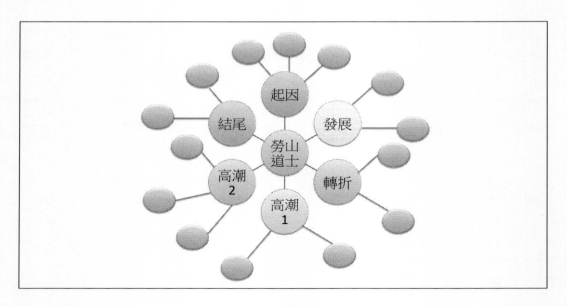

圖6　心智圖舉隅

（資料來源：作者自製）

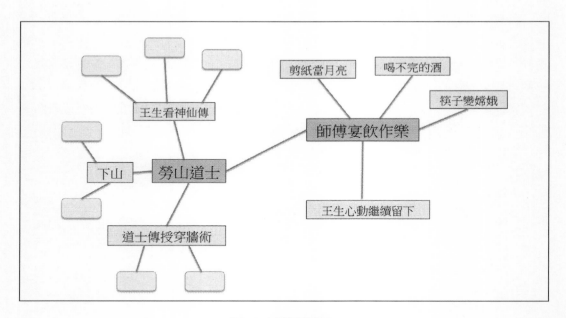

圖7　網狀圖舉隅

（資料來源：作者自製）

圖8　流程圖舉隅

（資料來源：作者自製）

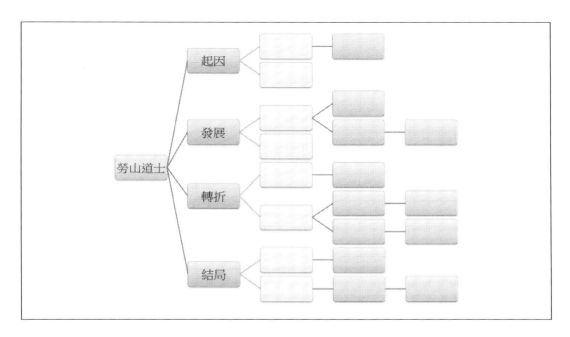

圖9　階層圖舉隅

（資料來源：作者自製）

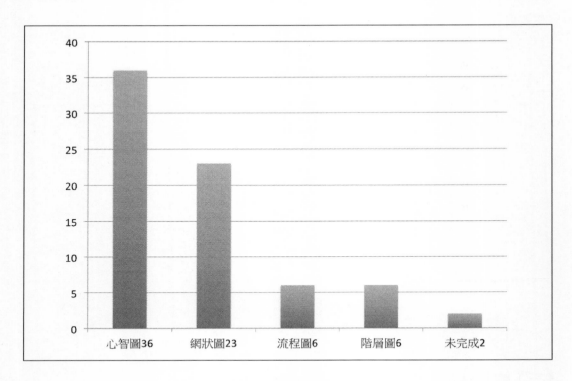

圖10　圖Ａ樣式分析

（資料來源：作者自製）

（二）圖Ａ主幹分析

　　主幹指的是由圖形核心向外發展的第一層主要概念。學習者繪製圖Ａ時，以不同的詞語呈現自己的主幹。筆者將學習者的主幹，歸納成四大類：

　　（一）依照故事情節發展，濃縮為短句，構成主幹者，簡稱為情節短句。

　　（二）依照常見的分析文章架構用詞（諸如：起、承、轉、合；人、事、時、地、物；起因、發展、高潮、結束……等等），構成主幹者，簡稱為文章架構。

　　（三）依照故事情節發展，濃縮為關鍵詞，構成主幹者，簡稱為情節關鍵詞。

　　（四）依照故事角色姓名或稱謂，構成主幹者，簡稱為故事角色。有學習者只使用其中一類方式，呈現主幹。有學習者混合使用其中兩類方式，呈現主幹。

　　統計結果，有39位學習者，使用情節短句呈現主幹。有26位學習者使用文章架構，呈現主幹。有11位學習者，使用情節關鍵詞呈現主幹。有5位學習者，使用故事角色呈現主幹。四類主幹呈現方式，請參考圖11。

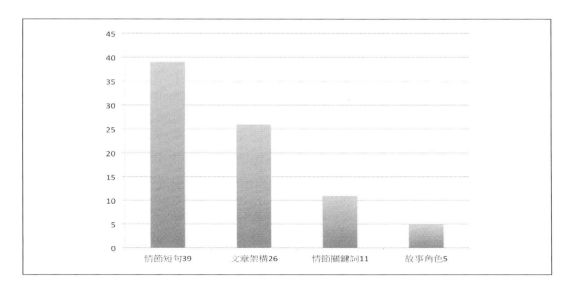

圖11　圖Ａ主幹分析

（資料來源：作者自製）

（三）圖Ｂ與圖Ａ關係分析

　　本研究圖Ａ為學習者分析〈勞山道士〉所繪製。教學者請學習者模仿心智圖Ａ架構，另外再創作一幅心智圖Ｂ，並依據圖Ｂ創作一篇文章。筆者依據圖形類別與主幹類別，分析每一位學習者所繪製之圖Ｂ與圖Ａ關係。（請參考圖12）

　　研究結果可分為三類：

　　（一）圖Ｂ圖形類別與主幹類別，模仿圖Ａ者，總計50位，佔全部68%。

　　（二）未繪製圖Ｂ者，總計15未，佔全部21%。

　　（三）圖Ｂ之圖形類別或主幹類別，其中一項以上，與圖Ａ不同者，總計8位，佔全部11%。

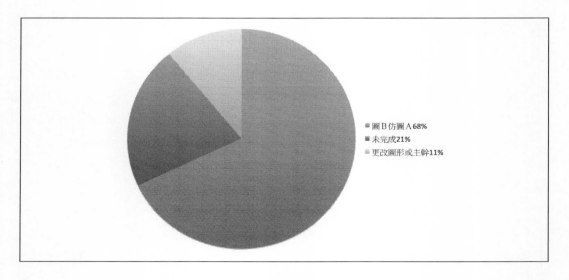

圖12　圖Ｂ與圖Ａ關係分析

（資料來源：作者自製）

（四）文章字數統計

　　本研究學習者繪製心智圖Ａ、心智圖Ｂ，並依循心智圖Ｂ撰寫文章，約50分鐘。73位學習者當中，有19位沒有完成作文；有6位完成1~100字之作文；有15位完成101~200字之作文；有19位完成201~300字之作文；有7位完成301~400字之作文；有6位完成401~500字之作文；有1位完成401~500字之作文。（請參考圖13）

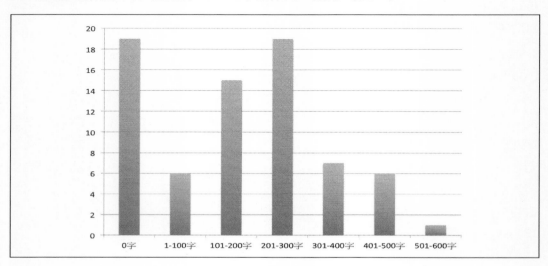

圖13　文章字數統計

（資料來源：作者自製）

四　結論與建議

　　筆者曾經以心智圖法融入閱讀教學或寫作教學，均看到學生於閱讀或寫作能力正向之成長。然而，本研究為筆者初次將心智圖設計成一套閱讀至寫作之教學模式，並進行研究。學生之回應，讓筆者有許多意外的收獲。以下區分三點，提出筆者此次教學研究之省思與未來教學之建議。

（一）心智圖核心之設計

　　心智圖之核心，為整幅圖像之中心，亦為文章架構之核心。在本研究圖Ａ中，絕大部分的學習者都將「勞山道士」置於心智圖的中央、網狀圖的中央、流程圖的開頭，或是階層圖的最前方。（極少數學習者將「書生」、「王七」、「道士」或「聊齋」等詞語，置於圖形核心位置。）

　　筆者回顧整個教學過程，發現教學者於教導學生使用心智圖法，並進行分組練習時，學生已經習慣將閱讀的文章篇名，直接置於圖形核心。導致學生在繪製圖Ａ、創作圖Ｂ時，已習慣將閱讀課文的篇名置於圖Ａ核心位置，並將自己創作文章的題目，置於圖Ｂ核心位置。

　　然而，本文之核心為何？是值得探討的議題。〈勞山道士〉的核心，是勞山道士嗎？是書生嗎？還是有其他可能的答案呢？未來教學時，若能增加兩個小問題，請學生解釋為何將「ＸＸＸ」置於心智圖Ａ核心位置？為何將「ＯＯＯ」置於心智圖Ｂ的核心位置？即可避免學生可能不經過思考，僅直接將篇名抄寫入核心位置之情況。不僅可以幫助學生更深入理解閱讀之文章，亦可幫助學生思索自己創作文章之核心為何。

（二）心智圖主幹之設計

　　心智圖之主幹，為整篇文章之主要架構。提倡心智圖法之學者，為了讓使用者之創造力得以盡情發揮，因此鼓勵以「關鍵詞」進行聯想。本研究結果發現，除了情節關鍵詞之外，學習者亦會使用情節短句、文章架構、故事角色等，繪製主幹。並且，若是學習使用其中一種或兩種方式，繪製圖Ａ的主幹，則此學習者經常已同樣的方式，繪製圖Ｂ的主幹。心智圖Ａ之主幹，呈現出學生如何理解分析文章。心智圖Ｂ之主幹，呈現學生如何架構自己即將要創作的作品。

　　被挑選出來成為課文之文章，常為文學經典之作。經典之作的文章架構，值得探索與學習。傳統的閱讀、寫作教學，經常以教學者的思維方式，理解文章架構，解析文章。並要求學生以同樣的方式，創作文章。若是以心智圖融入閱讀與寫作教學，則可以

達到以學習者的思維方式，解析文章。並進一步以學習者的思維方式，模仿經典文章之架構，創作出新文章。本研究中，也可以看到部分學生以「起、承、轉、合」或是「人、事、時、地、物」等傳統解析文章常用之詞語，形成心智圖主幹。若是學習者在過去受教育的過程中，已經習慣以此方式解析與創作文章，未嘗不可。只要是學習者喜好的思維方式，能自由運用於閱讀或創作文章，都是好方法。

（三）出現其他圖形的意義

本研究進行心智圖法教學時，僅強調核心、主幹、枝幹之概念與彼此聯結之線條，並請學生觀摩各式各樣之心智圖。然而，教學者並未強調不可以用其他圖形解析文章。造成除了心智圖之外，有學習者繪製出網狀圖、流程圖或階層圖。

筆者閱讀學習者創作之文章時，發現這些圖形，都可幫助學生解析文章，以及創作文章。這些圖形不同處在於，心智圖的形式自由，較可以幫助學習者在創作時，發揮想像力。網狀圖有時不確定核心、主幹與枝幹在何處，雖然可以模仿圖 A，進行圖 B 的再創作，然而創作出來的文章，與原本課文的相似度較高。流程圖只有單一方向，只能呈現文章主軸，無法呈現較細微的文章架構。階層圖具有較嚴密的層級與先後順序，可清晰地解析文章架構，然而，在創作進行聯想時，往往不如心智圖自由。

心智圖具有核心、主幹、枝幹等組織架構，亦為自由聯想之利器。心智圖與閱讀結合，可用於閱讀文章，解析其架構。心智圖與寫作結合，可提供創作需要之無盡的想像力。心智圖與閱讀、寫作同時結合，則可達到以學習者思維為中心，模仿好文章之架構，創作出架構完整與想像力奔放之作品。本研究僅為筆者初步之嘗試，尚有太多待改進之空間。諸如：因為給予之寫作時間不足，導致部分學生未完成作答。或是，教導心智圖時，過於匆促，導致部分學生未能理解心智圖之定義與特徵。或是，以何標準評量學生繪製之圖 A、圖 B 以及創作出來的文章？筆者亦尚未嘗試將心智圖擅長使用之圖案與色彩融入教學中，探索其成效。期待未來能夠更進一步探索心智圖應用於閱讀、寫作之相關議題。

引用文獻

中文文獻

王開府 〈心智圖與概念模組在語文閱讀與寫作思考教學之運用〉 《國文學報》 第
43卷 2008年 頁263-296

林佳蓉 〈心智圖法在學習障礙學生閱讀理解教學之應用〉 《桃竹區特殊教育》 第
19卷 2012年 頁24-29

孫易新 《心智圖法理論與應用》 臺北市 商周出版 2014年

T. Burzan& B. Burzan 著 孫易新譯 《心智圖聖經：心智圖理論與實務篇》 臺北縣
板橋市 耶魯國際文化 2007年 原著出版年 2004年

T. Burzan 著 陳素宜、孫易新譯 《心智魔法師～大腦使用手冊：Use Your Head》
臺北縣板橋市 耶魯國際文化 2007年 原著出版年 2003年

景 嫣 〈例談「心智圖法」在小學英語「仿寫」練習中的應用〉 《英語學習》 第
7期 2016年 頁46-49

錢昭君、張世彗 〈心智圖法寫作教學方案對國小學生創造力及寫作表現之影響〉《特
殊教育學報》 第32卷 2010年 頁79-99

薛 梅 〈巧用心智圖法綻放思維之花——談 Mind Mapping 在初中英語讀寫課中的嘗
試〉 《基礎教育論壇》 第13卷 2014年 頁35-36

英文文獻

Abrams, Z. I. & Byrd, D. R. (2016). The effects of pre-task planning on L2 writing: Mind-
mapping and chronological sequencing in a 1st-year German class. *System, 63*, 1-12.

Al-Zyoud, A. A., Al Jamal, D., &Baniabdelrahman, A. (2017). Mind Mapping and Students'
Writing Performance. *Arab World English Journal, 8*, 280-291.

Koshali, M. S. &Gorjian, B. (2016). The Role of Mind Mapping Softwarre in Developing EFL
Learners' Reading Comprehension at the Pre-Intermediate Level. *Modern Journal of
Language Teaching Methods, 6*, 414-426.

Lachner, A. Burkhart, C. &Nueckles, M. (2017). Mind the Gap! Automated Concept Map
Feedback Supports Students in Writing Cohesive Explanations. *Journal of
Experimental Psychology-Applied, 23*, 29-46.

Tabrizi, A. R. N. &Esmaeili, Z. (2016). The Effect of Mind Mapping on Reading
Comprehension Ability of Iranian Intermediate EFL Learners. Modern Journal of

Language Teaching Methods, 6, 205-218.

Wette, R. (2017). Using mind maps to reveal and develop genre knowledge in a graduate writing course. *Journal of Second Language Writing, 38*, 58-71.

大學生活美學教育的探討

——以 2014 至 2018 年大學課程為例[*]

陳珮瑜[**]

摘 要

近年來各國之大學越來越重視美學教育，各校在文化創意之潮流下順勢推動，藉此提升學生的文化素養及促進文化藝術普及。大學教育中，除專業課程外，還包括人格、道德、藝術教育、審美教育等美學課程。培養大學生美感素質養成並非一蹴即成，需仰賴大學將藝術教育素養深化至課程與教學中，生活細微面出發，將美學拉進到課堂，培養大學生愛美、知美、喜美、用美等外在表現與內在需求協調的能力，才能提升大學生美感生活水準。

其實生活美感並不需要高貴、也不遙遠，只要有認知就能享受一個有質感、有品味的美學生活。而生活美學則是運用藝術思維和手段，以美學為基礎進化生活的環境，提升美感質能，美學一直存在我們日常的生活食、衣、住、行及娛樂之中，感受與理解的直覺感性表現，來自於學習與文化的想像與認知，以美感、創意、發展優雅的生活環境。

目前國內大學生活美學教育日漸受到重視，本文首先定義生活美學之概念，其次說明臺灣的大學生活美學教育現況，並探討2014年到2018年五年的生活美學課程，再對目前大學生活美學教育困境進行探討，最後提出生活美學教育展望。

關鍵詞：生活美學、美學教育、文化創意、大學教育

---

[*] 本文2018年8月16日於雲南大學高等教育研究院「2018兩岸高等教育與通識教育學術研討會」發表。

[**] 陳珮瑜：元智大學人文社會學院文化產業與文化政策博士生，隆寶軒國際藝術行銷有限公司董事長。

一 前言

漢寶德（2007）認為生活美感教育，就是一種生活品味，生活美感教育不是「學」因為不是理論之探討，而是美的實踐。政府推動美學生活不是要大家研究美的學問，而是要使國民具有美的判斷能力，能在日常生活中，享受美感體會美感，進而經由感覺提升精神生活的品質。而生活美學則是運用藝術思維和手段，以美學為基礎進化生活的環境，提升美感質能，美學一直存在我們日常的生活食、衣、住、行及娛樂之中，感受與理解的直覺感性表現，來自於學習與文化的想像與認知，以美感、創意、發展優雅的生活環境（邱敏芳，2016）。

近年來各國大學開始重視美學（Aesthetics）教育，各國順勢推動文化創意之潮流，藉此提升國民的文化素養及促進文化藝術普及，其實生活美感並不需要高貴、也不遙遠，只要有認知就能享受一個有質感、有品味的美學生活。政府自2008年推動生活美學（Life Aesthetics）運動，希望建立生活美學的社會基礎，來改善當前生活環境的狀況，並提升生活品質與美感，促使大學的生活美學教育日漸受到重視，以此培養大學生美感素質養成（行政院文化建設委員會，2010）。

大學生活美學教育理念推廣，主要在於培育大學生對美學的重視與省思，並透過美學體驗、展覽、認知、座談、種子人才美學課程講習等，進行生活美學的教育，全面提昇大學美學教育（褚宸綺，2012），大學生活美學教育需仰賴大學將美學及藝術教育素養深化至課程與教學中，提升大學生的美學素養及促進文化藝術欣賞能力，培養大學生愛美、知美、喜美、用美等外在表現與內在需求協調的能力，才能豐富大學生美感生活水準（陳麗光，2010）。目前國內大學生活美學教育日漸受到重視，本文探討與分析2014年到2018年五年的大學開設生活美學課程，並對目前大學生活美學教育困境進行探討，及提出生活美學教育展望。

二 生活美學之概念

生活美學強調在講求推動文化創意發展時，應該同步提升生活環境的美學品味，運用美學藝術思維，建立生活的美學素養與基礎，有關於生活美學之概念分別就美學、生活美學之定義及生活美學之發展說明如下：

（一）美學之定義

美學（Aesthetics），是對美的本質及其意義的研究為主題的學科，乃哲學其中一個重要分支。歐洲的美學概念的詞語來源於希臘語：aisthetikos，德國哲學家鮑姆嘉通

（BenedettoCroce）首次使用，最初的意義是「對美感觀的感受」，一個客體的美學價值並不是簡單的被定義為「美」和「醜」，而是去認識客體的類型和本質。鮑姆嘉通的《美學》一書的出版標誌了美學做為一門獨立學科的產生。現代哲學將美學定義為認識藝術，科學，設計和哲學中認知感覺的理論和哲學（BenedettoCroce，朱光潛譯，2018）。

傳統美學的任務，是研究藝術作品作為「美」的永恆的不變的標準。德國理想主義的形上學美學被認為是當時唯一標準的美學。在此條件下，發展出兩個分支：心理美學和美學（邱敏芳，2016）。美學主要是研究審美，即心理學的分支學科。而美的對象，即自然美、藝術美、社會美等，無論是主觀，還是客觀的研究，都是經過人的感性、理性作用之後的結果（李淯瑋，2017）。

杜威（John Dewy）於1934年提出「藝術即經驗」（Art as Experience）的學說，杜威相當重視藝術品的創新與試驗的效果，藝術家若只重複陳舊之法，對於美學教育都具有很深厚的影響（李崗主編，2017）。

學者漢寶德（2007）認為美學是研究美的學問，說明一個觀念：愛美是人類的本能與天性，只是璞玉需要琢磨才能明亮，所以必須經過教養，人類才能把愛美的天性發揮出來，這個教化過程就是美學。

黃壬來（2009）認為美學是，美感存在經驗之中，生活的過程是統一的而不是分裂的，藝術起源於現實生活，唯有當藝術具有人生的實質，而美感經驗成為現實經驗的縮影時。美學經驗是不能離開生活而單獨存在的。

美學要素內涵所包括美學、視覺文化、美術史、視覺文化等，有關生活美學四要素見圖1：

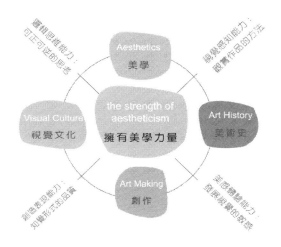

圖1　生活美學四要素

（資料來源：李崗主編，2017年。）

綜合言之關於美學的定義，如下：美學是以美感經驗為中心，對美感觀的視覺感受，研究文化、創意、美和藝術的學科。

（二）生活美學之定義

人類生活除追求物質方面的豐足，更需要精神生活的愉悅，近年來文化美感也常蒙上商品化的色彩，商業文化往往掩蓋了獨特性與個人品味的風格。早在1940年代法蘭克福學派就以「文化工業」（cultural industry）來描述並批判此種現象，在文化產業經歷了充實、修正與發展中，融入文化元素與人類心智的創意，使「文化創意產業」近年來各國所積極推展的方向，而且文創產業亦帶來生活美學的新風貌（劉阿榮、陳冠華，2015）。有關生活美學（Life Aesthetics）之定義，分別探討如下

陳其南體認到精神生活的重要，於是將藝術與美學分家，提出文化公民權的觀念，把生活與美學連起來，最早是文學界提出來的，為時雖然短暫，卻正式把「生活美學」搬到政策的檯面上來了，自此之後，政府終於找到文化建設的主軸了（陳其南，2008）。

而生活美學與公民美學不同，「公民美學」是運用藝術思維和手段，建構公民美學的基礎，以改善生活環境的狀況，以美感、創意、愛與關懷，發展優雅的藝術環境，提升民眾質美感質能，涵養民眾審美取向之學（許峰旗，2005）。

所謂「文化創意產業」是指源自創意或文化積累，透過智慧財產之形成及運用，具有創造財富與就業機會，並促進公民美學素養，使公民生活環境提升之產業（蕭麗卿，2009）。政府2008年大力推動「臺灣生活美學運動」，希望能透過藝術思維和方法，開始建立公民美學的社會基礎，來改善臺灣美學生活的環境，並提升臺灣的競爭實力（陳麗光，2010）。

許峰旗認為，生活美學是運用藝術思維和手段，建構美學的基礎，以改善生活環境的狀況，以美感、創意、愛與關懷，發展優雅的藝術環境，提升民眾生活美感質能，涵養民眾審美取向（許峰旗，2005）。

漢寶德（2007）定義「生活美學」，生活二字代表一個場域，生活指的是大眾日常生活，非常物質性的生活。在生活中找美，就是最基本的衣食住行，界定美感世界中的一個範疇，美感價值正是在物質生活中尋求超物質的精神價值。把生活與美學連起來，最早是文學界提出來的。主要工作是培養國民高尚的生活品味，提高國民精神生活的品質。

陳其南認為，生活美學可視為源自於社區總體營造理念而來，生活美學是一種具有動態觀點的美學是一種全新的美學概念，由於生活美學不單只是利益性層次的問題，因此所有社會各階層都可以參與（陳其南，2008）。

綜合前面的討論，生活美學指的是：一般大眾學習在日常生活中找到美感的滿足，一種具有動態觀點的美學是一種全新的美學概念，培養國民在基本的衣食住行高尚的生活品味，提高國民精神生活與審美取向。

（三）生活美學之發展

生活美學之發展應推至1994年開始推動的「社區總體營造」政策有相當的關聯性，兩者都是政府以積極的措施投入與推動，社區總體營造的是由造人理念觀點出發，強調國民參與社區及居民自主意識；在多數社區總體營造的經驗中，透過表演、繪畫、工藝、劇場等美的相關美學創作來激發參與，累積信心與對社區團體之認同，透過有形團體的擴散力量，將種種認知經驗傳給更大的社群（陳其南，1996）。

2002年政府將「文化創意產業」列為國家發展之重點計畫，積極發展文化創意產業，文化建設委員會於2004年提出文化公民權（culture citizenship）概念，宣布臺灣以文化立國，推動以文化藝術與審美的公民社會，臺灣文化產業政策進入「文化公民」時代（蕭麗卿，2009）。

2004年5月由文化建設委員會配合政府「文化立國」在當年施政報告中，「文化公民權運動」與「公民美學運動」等概念，雖分屬兩項不同的施政方向，但「公民美學運動」可說是「文化公民權」的核心意義所在，希望能形成一股風潮，落實從社區到個人、由個人發展到全體公民，成為臺灣文化新建設的關鍵概念（劉新圓，2010）。

政府於2008年開始推動臺灣生活美學運動，希望改善臺灣美學的生活環境，以美感、創意、優雅的提升臺灣生活，運用藝術思維和手段，建構國民社會美學的基礎，以改善臺灣目前生活環境的狀況，以美感、創意、愛與關懷來提升臺灣的競爭實力（行政院文化建設委員會，2010）。希望以藝術文化美學為焦點，著重於全國的實質視覺環境生活美學品味的提升，也包含全民人心之美的道德精神層面的省思，更包括臺灣整體藝文生態組織的健全（林昆賢，2013）。

「台灣生活美學運動計畫」希望藉由「人、藝術、空間」的跨領域結合，觸動人民真正自身所處的環境，並激發富創造性及想像力的對話可能，此即是人民美學落實在生活中最初始、也最為核心的關鍵（廖肇玲、林恩仕，2014）。

2009年4月行政院將文化創意產業發展法草案送立法院審議，草案於2010年2月三讀通過法，可了解政府對文化創意產業的重視，自此文化創意產業與生活美學更被視為政府重要的政策（文化部，2017）。

2012年為了落實「臺灣生活美學運動」，文建會邀請漢寶德、林盛豐等多位專家學者，成立「生活美學運動理念推動小組」，學者認為，多年來藝術教育總被歸類為菁英式的專才教育，真正該落實的美感教育卻被忽略，使得普羅大眾也喪失了美感能力（邱

敏芳，2016）。臺灣公民社會的成熟度與美學素養的均尚待加強，這也使得美學運動計畫不易有成效。小組認為先在生活環境中建立美學思維的理念看似簡單，喚起文化及美學意識，形成審美共同體，藉由培育、議題、事件、空間或主題性策展，讓它自然發生，以創造優質美學環境，提升城市觀光效益（柯進傳、陳金輝、盧美麗，2017）。

有關美學重要發展過程如表一。

表一　美學重要發展過程

年度	美學重要發展
1994	社區總體營造
2002	文化創意產業列為國家發展重點計畫
2004	公民美學運動
2008	臺灣生活美學運動
2010	文化創意產業發展法

（資料來源：本研究整理）

臺灣過去以「臺灣經濟奇蹟」享譽國際，而且大學林立數量多，但文化與美學等精神層面的素養卻有待加強，政府提出「文化立國」、「文化公民權運動」、「生活美學運動」等概念，顯現積極邁向高度文明國家的企圖心，期許將美學精神深植於臺灣的一般生活，希望為臺灣社會注入源源不絕的美麗未來，進而能成就一個在經濟與文化上同樣富足的社會（李崗主編，2017）。

三　大學生活美學教育現況

在全球化之下臺灣的大學教育中注重美感、創意、愛與關懷，如何營造良好的學習環境，提昇大學生之文化與生活美感素養，是刻不容緩的課題。配合文化建設委員會提出「臺灣生活美學運動」計畫大學生活美學教育開始在校園推廣，大學生活美學教育現況、生活美學政策計畫、生活美學教育策略與目標、生活美學課程發展別說明如下。

（一）生活美學教育政策

大學中生活美學運動的目標，是培育大學生對日常生活中的視覺環境中的一切，有判別美感高下的能力；從而改造視覺環境的美感品質，並進一步為美所感動，最終達到提昇精神生活品質，淨化心靈的目的（漢寶德，2010）。有關生活美學運動計畫，分別就計畫緣起、預期效益說明之。

1 計畫緣起

面對21世紀的來臨，美感教育的重視，如何營造良好的大學美學教育，提昇大學生美感素養，文化建設委員會提出「台灣生活美學運動計畫」，生活美學運動是文建會多次邀集建築、社區及環境美學專家學者，就提高國民美感素養及營造地方藝術識別進行商討，並與相關部會現有計畫作出區隔之後所完成的計畫。期程為二〇〇八年至一二年，預估經費為新臺幣二十億元。該計畫主要從「養成美學意識」、「形塑公共美學」、「落實參與生活」三大方向著手（行政院文化建設委員會，2010）。

長期以來臺灣社會以追求經濟成長作為主要目標，一切朝向已開發國家標準看齊，但臺灣整體文化價值與美學品味卻遠遠落後這些已開發國家，透過生活美學運動，希望能有所改善美學教育。（李崗主編，2017）。

2 生活美學教育預期效益

生活美學理念推廣計畫的推動是透過美學體驗、座談、展覽、種子人才美學課程講習等，希望引導大學生活美學教育的方向，以提升大學生的美感素養。美學教育內容包括生活美學體驗營、主題展計畫及生活美學叢書出版等（連秀敏，2013；吳望如，2016）。大學生活美學課程預期效益包括

1. 培養大學生美學觀，建立大學生對美學認同與意識。
2. 創造具的美感大學校園環境，打造有特色的美學形象。
3. 讓大學校園充滿美感，創造美學教育特色。

過去的文化政策大多著重在藝術家等少數菁英身上，而臺灣生活美學運動，則著重由大學培養美感，將美的實踐落實在大學生對美感經驗的啟發、美感校園環境的塑造，讓大學生活美學教育動起來，成為一個具備美感與倫理的大學校園（陳麗光，2010；Leonard Koren，蘇文君譯，2018）。

（二）生活美學教育策略

漢寶德（2007）認為，在臺灣多數大學生沒受到適當的美學教育，使得他們進入社會後，容易成為「美盲」，要提升國民的審美水準，大學就必須擔當起教育美學的任務，強調生活的美學藝術，雖然效用與國民教育比較起來是很有限的，但是亡羊補牢仍然是很重要的。大學生活美學教育策略、目標與預期成果探討如下。

1 生活美學教育策略

生活美學可以說是文化創意產業的基礎，透過美學智慧財產之形成及運用，具有生

活美學創造財富與就業機會之潛力，並促進全民美學素養。在臺灣多數父母自幼都很重視子女的興趣培育，樂於讓子女學習音樂、美術、舞蹈等校外藝術美學課程（教育部，2005；邱敏芳，2016）。

在大學生推展生活美學教育之時，普遍的美學基準往往難以判斷，每個人的美感價值觀牽涉主觀意識的詮釋，在鼓勵大學生餐與享受美學課程，生活美學是可能比較容易推動，也容易讓大學認同，政府應該做的是培養大學對生活美學的需求面，除了透過法律來對生活美學加以支持，需要的是政府明確的政策，引導整體文化創意產業的走向與生活美學發展趨勢，努力提升大學生的生活美學素養，增加大眾生活美學認知，滿足大學生精神生活的需求（褚宸綺，2012；吳望如，2016）。

2 生活美學教育目標

生活美學運動計畫並非要由上而下的製造一個官方美學，而是從養成「美學意識」、型塑「公共美學」、落實「參與美學」等三大層次著手，有關大學生活美學運動的計畫目標，分別說明如下（行政院文化建設委員會，2009；柯志平，2014；吳望如，2016）。

1. 美學意識層次：生活美學理念推廣計畫，主要在於培育大學生對美學的重視與參與，透過美學體驗、座談、展覽、種子人才美學課程講習等，進行大學生活美學的教育，全面提昇大學生的美學素養。

2. 公共美學層次：鼓勵大學針對校區之視覺美感景觀及色彩提出規劃，作為美感示範之基礎點，營造學校美學空間散發活力，提大學美感形象，並推行文化、藝術與生活美學教育結合方案，引領大學注重美育之培養，落實生活美學與深耕美感環境。

3. 參與美學層次：藉由生活美學運動計畫的執行，型塑「公共美學」、養成「美學意識」、落實「參與美學」；形成社會美學運動效應，創造美適的生活環境為共同理念，並豐厚的生活美學觀，展現文化的丰采與蛻變。鼓勵大學提供自發、自主餐與美學改造的機會，透過藝術家駐校之行動與社區做活美學運深度交流，讓藝術家藉由學生參與及社區討論等手段，運用在地的素材與居民研究生活、社區與校園環境的美化，讓學生與民眾就其生活需改造之美學空間，以促進學生與民眾對環境美學的重視及期待，落實生活美學運動之理想。

3 預期成果

2004年文化建設委員會提出「文化公民權」（culture citizenship）概念，宣布臺灣將以「文化國家」，建立以文化藝術與審美為共同體的公民社會，臺灣文化政策進入「文化公民」時代，並且積極推動公民美學（陳其南，2008），成為日後生活美學教育之基

礎。大學生活美學教育希望能達成之成果，以推動生活美學運動，建立大學美感生活環境，優美的校園環境是進行美育提高學生素質的重要條件，提升大學生美感質能與涵養審美取向為目標（連秀敏，2013；邱敏芳，2016）。

生活美學教育不只是一項課程，更是提昇美感素養，透過課程、研習、體驗、展覽及美學活動參與等，美感經驗可以提昇大學生美學的知覺、對生活美學的領悟力、情感的高貴與廣闊的敏銳度，大學校教育中美感經驗課程可提升大學生對生活美學的重視，並積極培育美學種子，作為美學運動的發端及基礎（文化部，2017）。

（三）大學生活美學教育實施

目前國內大學生活美學教育日漸受到重視，探討2014年到2018年五年的生活美學課程實施與成效，分別就課程建構、課程開設及 課程成效探討如下

1 課程建構

生活美學課程重點：在生活中尋找美的經驗，增加質感，例如在美術、音樂、表演、藝術活動等，從生活中、文化中、藝術活動中發現美，結合文化與教育，擴大心境視野，建構生活美學的觀點來看藝術與人文學習領域之課程發展（教育部，2005；吳望如，2016）。

課程建構就學習內容與活動，包含分別概念培植期、敏覺期、思辨建構期已達成經驗融合實踐之境界，有關生活美學課程建構見圖2。

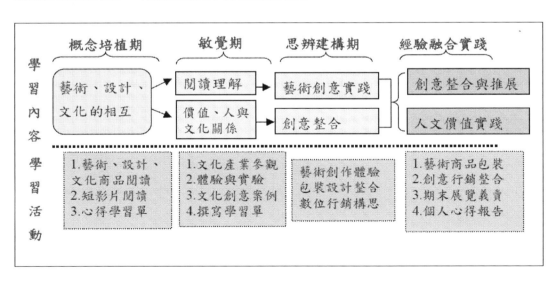

圖2　生活美學課程建構

（資料來源：李崗主編，2017年）

2 課程開設

　　按照教育部課程資源網統計，2014年到2018年五年的生活美學課程開課學校數及課程數設逐年增加，但修課人數卻無明顯增加，相關課程統計見表二。

表二　102至106學年大學美學課程統計

學年	修課人數	課程數	開課學校數	平均人數
102	2259	38	16	59
103	1846	44	20	42
104	2044	44	20	46
105	2518	53	23	48
106	2387	55	23	43
小計	**11054**	**234**		

（資料來源：課程資源網，2018年）

　　106學年第二學期大學美學課開設程課程數26，總修課人數1164人，有關106學年第二學期大學美學課程內容及課程名稱，見表三。

表三　106學年第二學期大學美學課程

課程名稱	修課人數	課程數	系所數	校數
大學中文寫作：生活美學書寫	17	1	1	1
工藝與生活美學	120	2	1	1
文化創意產業與生活美學	133	1	1	1
生活美學	233	5	2	3
生活美學專題	40	2	2	2
生活美學評論	17	2	2	1
生活美學與公共服務	42	1	1	1
生活美學與文創	70	1	1	1
生活美學與風格	58	1	1	1
生活時尚與美學-英	9	1	1	1
生活園藝美學	84	1	1	1
處處有展演-生活美學	72	1	1	1

課程名稱	修課人數	課程數	系所數	校數
設計、生活與美學	48	1	1	1
創意生活美學	10	1	1	1
游於藝：中國生活美學	2	1	1	1
飲食文學與生活美學（文學與美感經驗）	64	1	1	1
園藝生活美學	25	1	1	1
藝術涵養與生活美學	120	2	2	2
總計	**1164**	**26**	**22**	**22**

（資料來源：課程資源網，2018年）

　　課程分為生活美學主題類包括生活美學專題、生活美學文學類、時尚生活美學、創意生活美學及其他類等，文學類包括：大學中文寫作：生活美學書寫、飲食文學與生活美學（文學與美感經驗、游於藝：中國生活美學；時尚類包括生活時尚與美學、生活美學與風格、處處有展演-生活美學、設計生活與美學、藝術涵養與生活美學；創意設計類包括：工藝與生活美學、文化創意產業與生活美學、生活美學與文創；其他類包括、生活美學與公共服務、園藝生活美學、生活園藝美學，顯示生活美學主題課程已漸漸在大學中受歡迎。

四　大學生活美學教育困境

　　生活美學運動在大學教育中，是希望運用藝術思維和手段，建構大學美學基礎，並創造源源活水的美學生活，發展優雅的美學校園環境，學校的美學教育是生活美學的實踐場地，是美學教育的基地，大學生活美學課程以視覺美為主軸，以聽覺為副，透過課程將生活美學的「美」在課堂上傳授，但不容易留住生活美（廖肇玲、林恩仕，2014），茲將大學生活美學教育困境分別就美學教育政策檢視、課程邊緣化、師資多元性、涵育美學與文化的素養、學生態度對美學教育之影響說明如下。

（一）美學教育政策檢視

　　生活美學運動是一項施政理念，應視為當前臺灣文化政策的重要方向，著重以美學和藝術的角度觀點，培育涵養文化的生活品味及素質，進而打造一個具備生活美學的環境氛圍，以超越政治與族群的思考框架，強調親力親為、盡善盡美的文化與藝術精神，改造人心與提升大學生活美學品味（陳其南，1996；李慈敏，2017）。生活美學教育政

策的目標，提昇環境的生活美學品味、營造人心之美的精神、健全整體藝文生態、建構社會整體美感體現，所涉及層面廣泛，是政府推動的生活美學的政策方向（蕭麗卿，2009；連秀敏，2013）

在文化創意產業發展法中開宗明義指出，立法目的為促進文化創意產業之發展，建構具有豐富文化及創意內涵之社會環境，運用科技與創新研發，健全文化創意產業人才培育，該法第3條指出：「文化創意產業，指源自創意或文化積累，透過智慧財產之形成及運用，具有創造財富與就業機會之潛力，並促進全民美學素養，使國民生活環境提升之下列產業。」將促進全民美學素養視為文化創意產業發展基礎任務。因此在該法第13條中規定「為提升國民美學素養及培養文化創意活動人口，政府應於高級中等以下學校提供美學及文化創意欣賞課程，並辦理相關教學活動。」（蕭麗卿，2009），可惜未將大學列為政府提供美學之對象。

希望透過教學的手段建生活民美學素養的基礎，在文化創意產業發展法施行細則中對於相關教學活動之範圍，界定為「一、學校師生發表藝文成果展演活動、邀請藝術家（團體）到校進行教學課程、演出及展覽。二、學校師生赴具有藝文性質場所參觀、展演或研習。」政府得對這些教學活動給予補助（行政院文化建設委員會，2010）。但這樣「補助」政策對建立生活美學素養是否恰當合時宜，實在要深入討論，政府在推行文化創意產業措施時，常犯了混淆補助與投資概念的毛病，弄不清楚目的何在，師生發表藝文成果展演活動、邀請藝術家到校進行教學、演出及展覽；或赴具有藝文性質場所參觀、研習或展演，固然政府補助是可鼓勵增加生活美學素養，但光是要師生看展演皮毛，卻不深入探究其中的美學品味，能提高多少生活美學素養值得懷疑（邱敏芳，2016）。

生活美學教育政策應在認真考量教化、歷史、共同感的前提下，才能加以規劃和執行，生活美學教育政策應以具有品味的教化來做為規劃和執行的起點，以兩個目標進行：一則為提昇視覺環境的生活美學品味，二者為健全藝文生態。因此生活美學教育政策也應以相同的方式來建構：應有跨文化、跨領域的包容力、重視傳統之獨特視域、包容與承認不同美學的創新與創意價值（柯志平，2014）。

（二）課程邊緣化

對於生活美學的課程漢寶德強調藝術和美感是兩回事，沒有藝術專才的人也應該培養審臺灣生活美學運動全民一起來讓「美」滲透，美學課程的生活教育價值，藝術美學在生活教育上扮演很重要的角色，特別是激發學生體會他人感受的同理心（漢寶德，2007）。

目前大學生活美學教育的課程領域涵蓋生活、學校、社會的整體性教育，生活美學

教育除了滿足個人的求知慾外，還能啟發個人的美學潛能，兼具生活、娛樂、休閒之功能，在美學相關課程的教學中，生活美學承載知識與美感經驗的平衡，讓大學生去體驗美，而生活美學教育之目標為健全之大學生美學素養，人文藝術之課程則在個人潛能之啟發及生活之傳承與發揚，成為大學美感教育重要方向（陳麗光，2010）。

在大學美學的課程可由三方面來探討：第一是持續深化且擴大學生的藝術審美相關的知識；其次是持續深化且累積美感經驗；然後是如何在大學生自己生活中實踐的問題了（褚宸綺，2012）。在一般的大學通識生活美學課程中，通常開設藝術欣賞、藝術鑑賞等類課程，讓非藝術科系學生，可以有機會能接觸美學的課程，但課程的主要內容是強調藝術家、藝術品，還是美學欣賞者自身的美感體驗，各校有不同出發點及不同的詮釋，不僅識觀點的問題，也會影響教學（柯志平，2014）。

雖然在各級學校中都有美學教育相關課程，但就業導向為主的大學教學體系下，生活美學的課程較不受學校、老師、學生的重視，另外大學中的生活美學教育，大多數的課程多偏重認知與基本常識，反而不重視美學欣賞與陶冶涵養，導致生活美學課程邊緣化（吳望如，2016）。

（三）師資多元性

生活美學素養是學校教育的重要一環，目前大學生活美學主題課程包括生活美學專題、生活美學文學類、時尚生活美學、創意生活美學及其他類等（課程資源網，2018）。因此教師也是具備多元性師資，才能滿足生活美學課程之需求。

大學教育在推廣生活美學時，在視域融合概念上，美學教育應有跨文化、跨領域的包容力，大學生活美學環境仍然缺少美感的氛圍，藉由生活美學研習、體驗營、展覽及種子培育等，透過此改善大學整體的文化及美學環境環境。讓多元師資提升大學生活美學教育品味，提升大學對美學涵養及重視生活美學，並積極培育生活美學種子師資，作為推行生活美學教育的動力（陳麗光，2010）。

生活美學課程設計應涵蓋知識的傳播、創作的經驗分享與技能的培養，教師的課程思考、實踐如何與美學連結，鼓勵成立教師學習社群，促進教師教學品質，互相溝通、觀摩、學習與支持，對美學理解，課程教學中如何結合美學以發展大學生的心智，都顯現教學不斷的試煉與進步，以及重視美學所帶來的創新與創意價值（柯志平，2014）。

（四）學生態度對美學教育之影響

生活美學教學必須經由藝術陶冶、人文素養的整體領域課程實踐，培養大學生藝術表現、審美與實踐學習之三主軸能力，豐實生活發展學習美學的基本能力，鼓勵大學生

積極參與藝文活動，提升美學欣賞能力，陶冶生活情趣，並以啟發美學潛能與人格理性與感性均衡健全發展，達成生活美學教育的價值與目的（吳望如，2016）。

　　大學中開設的生活美學課程可以引發學生好奇心，使其美感領悟變得敏銳，這是發展生活美學所需要的根本能力，成為一個大學文化感知，並且融入大學生日常的生活中，讓生活美學課程得以更為受歡迎（廖肇玲、林恩仕，2014）。

　　對生活美學有興趣的學生而言，課程應計畫性的依據對象目標，建構歷史文化的藝術欣賞介紹課程，學生可以藉此認識世界知名藝術品及藝術家，有助於培養學生欣賞能力，促進學生能從歷史文化中建構藝術史之脈絡，並藉由欣賞教學的融入，建立其能具備自我學習生活美學的能力。透過介紹當地自然生態環境及歷史文化沿革之課程內容，了解在地環境生活與藝術文化產生的關聯，環境需求隨社會文化的演變將生活中所處環境融入藝術創作，理解如何使藝術與生活美學結合在一起（教育部，2005；李崗主編，2017）。106學年第二學期各大學生活美學課開設程課程數目26門，總修課人數1164人，其實比例不高，加上多為選修，學生對於生活美學課程學習態度，對美學教育有一定的影響。

（五）涵育美學與文化的素養

　　大學生活美學藉由各課程的推動，提倡美感教育，讓生活美學教育深植人心。生活美學教育強調外在認知的美感，也強調內在心靈層的美感，透國大學校園對美學的重視，提升對美的認識，進而加強學生美學的素養，透過風氣積累文化的厚度，讓大學生產生整體性的美感，自然而然展現在生活中。

　　在文化的素養實踐概念上，生活美學教育體認到美學教育可以從「美的倫理生活」面向著手。最後，美學教育政策應建立「人、藝術、空間」的跨領域結合，觸動大學生真正「看見」自身所處的校園環境，並產生富創造性及想像力，那即生活美學落實在生活中最初始（柯志平，2014）

五　結語

　　大學生活美學教育的目標是，培育大學生對日常生活中的視覺環境中的一切，有判別美感高下的能力；從而改造大學環境的美感品質，並進一步為美所感動，生活美學教育為了美的普及性，它必須是生活中隨處都用得到，與一般校園生活有關，最終達到提昇大學生精神生活品質為目的。

　　針對大學生活美學教育的探討，經檢視美學教育政策與2014至2018年大學生活美學課程，發現大學生活美學教育有課程邊緣化、師資不夠多元、學生態度不積極對美學教

育有所影響。要精進大學生活美學教育相關策進建議包括：

一、大學生活美學教育政策：朝向學校本位、生活教學深耕、精進生活美學計畫、藝術美學素養、多元藝術文化等美學教育政策，提昇環境的生活美學品味、營造大學生之美的精神、健全校園藝文生態、建構大學整體美感體現。

二、提昇大學環境的美學品味：大學的學習不僅多元且優質，要讓大學生成為世界公民，就必須關注多元文化的元素，引進國際間重要美學展演活動，養成學生欣賞生活美學的認知、品味與素養，處處充滿美感環境；創造生活美學特色。

三、健全校園生活美學教學：大學生活美學教育有課程邊緣化、師資不夠多元之問題，藉由研習、體驗營、展覽及種子教師培育等，提升對美學涵養及生活美學重視，積極培育美學種子教師，作為推行生活美學運動的動力。

四、培養學生美學觀建立認同感：透過生活美學教育培養大學生美學觀，教導與檢視如何在日常生活中實踐生活美學，建立認美的同感與自信，以扭轉學生對生活美學教育態度不積極，達成課程基本價值。

五、建構大學社區美感體現：將大學環境與社區環境之品質提升，內化成為大學生的應盡義務，在此種氛圍才適得其所，成為生活美學教育的一環，促進大學整體視覺環境之變遷，更可臺灣建構為具備生美美感的社會。

六、創造臺灣特色大學美學教育：透過生活美學教育推行，打造臺灣生活美學形象，讓臺灣地方文化與大學生活美學教育接軌，強調豐富臺灣在地文化特色，促進生活美學發展與整合。

大學教育在涵育生活的文化素養，在美學的環境氛圍下成就了學校學習更高層次的發展，生活美學課程在提升大學生的生活品質，建構生活美的基礎，提昇生活美學觀；並培育藝術美學人才，創造及發展優雅的大學藝術環境，提升大學生活文化素養及促進文化藝術普及，以符合國際美學潮流。

引註資料

中文部分

BenedettoCroce 著　朱光潛譯　《美學原理》　臺北市　五南圖書出版公司　2018年

LeonardKoren 著　蘇文君譯　《美學的意義：關於美的十種表現與體驗》　臺北市　行
　　　　人出版社　2018年

文化部　《2016臺灣文化創意產業發展年報》　臺北市　文化部　2017年

行政院文化建設委員會　《文化創意產業發展法草案總說明》　臺北市　行政院文化建
　　　　設委員會　2008年

行政院文化建設委員會　《台灣生活美學運動計畫》　臺北市　行政院文化建設委員會
　　　　2010年

吳望如　〈如何在學校推動美感教育〉　《新北市教育》　第21期　2016年　頁17-20

李清瑋　《蔣勳生活美學觀研究》　臺北市立大學中國語文學系碩士論文　2017年

李崗主編　《教育美學：靈性觀點的藝術與教學》　臺北市　五南圖書出版公司　2017
　　　　年

李慈敏　〈文化、文化權與藝文補助機制——以國立臺南生活美學館為例〉　《博物館
　　　　學季刊》　第31卷第3期　2017年　頁125-132

林昆賢　《生活美學產業商業模式之探討》　國立暨南國際大學國際企業學系碩士論文
　　　　2013年

邱敏芳　〈生活美學的養成與應用〉　《新北市教育》　第21期　2016年　頁55-57

柯志平　《高達美溝通美學在臺灣美學教育政策思想的蘊義》　國立臺北教育大學教育
　　　　經營與管理學系博士論文　2014年

柯進傳、陳金輝、盧美麗　〈生活美學實踐之研究〉　《中國語文學刊》　第10期
　　　　2017年　頁11-22

教育部　《藝術教育政策白皮書》　臺北市　教育部　2005年

連秀敏　《美學與生活的邂逅，遇見餐桌上的幸福——以社區婦女大學「生活美學」課
　　　　程為例》　國立高雄餐旅大學餐旅教育研究所在職專班碩士論文　2013年

陳其南　《文化產業及社區總體營造考察報告書》　臺北市　行政院文化建設委員會
　　　　1996年

陳俊瑜、林麗惠、聶方珮、鄭秀琴　《生活應用時尚美學》　臺北市　學富文化事業公
　　　　司　2012年

陳瓊花　〈公民美學與美感教育〉　《通識學刊》　第1期　2013年　頁5-20

陳麗光　《「生活美學」成人教育課程設計與實施研究——以正修科技大學推廣教育為
　　　　例》　文藻外語學院創意藝術產業研究所碩士論文　2010年

黃壬來　《美感與人生》　臺中市　教育部中部辦公室　2009年

葉佩青　《公民美學的形構——社區總體營造對現代性空間後果的修補之研究》　南華大學環境與藝術研究所碩士論文　2006年

廖肇玲、林恩仕　〈生活美學素養培育之探討——以大專院校美容教育為例〉　《美容科技學刊》　第11卷第2期　2014年　頁53-73

漢寶德　《漢寶德談美感》　臺北市　聯經出版社　2007年

褚宸綺　《大學生公民美學素養與國際視野知覺之研究——以中臺科大2011：臺灣與義大利「兩個端點」國際畫展為例》　中臺科技大學文教事業經營研究所碩士論文　2012年

劉阿榮、陳冠華　〈文化創意與生活美學：藝術進入社區初探〉　《國家與社會》　第17期　2015年　頁29-50

蔣　駿　〈文化行銷與環境教育——公民美學運動的觀察〉　《環境教育學刊》　第8期　2008年　頁29-49

蕭麗卿　《文化創意產業發展法草案評估報告》　臺北市　立法院法制局　2009年

網路部分

課程資源網　http://ucourse-tvc.yuntech.edu.tw/web_nu/search_course.aspx　2018年

許峰旗　《公民美學運動》　林揖世的彩色美學　http://linyes.blogspot.com/2006/02/by.html　2005年

陳其南　《公民美學運動》　美學類型探索　http://www.cca.gov.tw:9090/autocue/comment/comment_print.jsp?category_id=1097047571046　2008年

劉新圓　《什麼是文化創意產業？》　國家政策研究基金　http://www.npf.org.tw/post/2/5867　2010年

坤卦卦辭：「西南得朋，東北喪朋」解

楊宇謙[*]、孫劍秋[**]

摘　要

　　本文先彙整歷來學者對於「西南得朋，東北喪北」的解釋，先依照歷來以義理與象數二種方法詮釋《易經》經文分類，以時間先後逐一列舉王弼、孔穎達，程頤、朱熹以及焦循等人，以透過〈說卦〉、方位陰陽以及《易經》經文、傳文的解釋內容；亦從魏伯陽、虞翻以結合月象變化納甲、惠棟以爻辰說明月象變化，解釋「西南得朋，東北喪北」的意涵，並且納入近代學者，以《易經》成書背景，以及相近於《易經》成書時代的典籍，所載的習俗而提出的見解，最後則是參照上個世紀新出土文物中所載的經文，將上述各家所提出的看法、研究成果與資料，歸納並梳理各家的詮釋要旨，從中整理最切合《易經》原意的解釋。

關鍵詞：易經、坤卦、西南得朋、東北喪朋

---

* 　楊宇謙：第一作者，東吳大學中文系博士班研究生。
** 孫劍秋：通訊作者，國立臺北教育大學語文與創作學系教授。

一　前言

　　《易經》是中國最古老的經典之一，對於中國上古時期的哲學、人文倫理產生莫大的影響。然而《易經》文字含義到了春秋戰國時代已經不便讀懂，歷來學者解釋紛呈，綜觀整部《易經》六十四卦卦辭中提及方位、方向者，只有〈坤卦〉、〈小畜卦〉、〈蹇卦〉、〈解卦〉與〈升卦〉等五卦，各卦卦辭如下：

> 坤：元、亨，利牝馬之貞。君子有攸往，先迷後得主利。西南得朋，東北喪朋。
> 　　安貞吉。[1]
> 小畜：亨。密雲不雨，自我西郊。[2]
> 蹇：利西南，不利東北。利見大人，貞吉。[3]
> 解：利西南，无所往，其來復，吉。有攸往，夙吉。[4]
> 升：元亨。用見大人，勿恤。南征吉。[5]

雖然只有五卦的卦辭論及方位，但上述五卦中〈坤〉、〈蹇〉、〈解〉三卦皆提及「西南」與「東北」二方向，且都是指西南方有利，甚至〈坤卦〉卦辭言：「西南得朋，東北喪朋」，而「西南得朋，東北喪朋。」又該如何解才是符合〈坤〉卦卦辭的本意？本文即以歷來各家之說，從中試圖尋求最合乎《易經》本意的解釋。

二　以義理文字意義解釋

（一）王弼、孔穎達以〈說卦〉解

　　從孔穎達的《五經正義》採王弼、韓康伯所注的版本而作《周易正義》，並且成為唐代科舉取士的依據之一，自此王弼、韓康伯所解釋的意思，流傳與影響極為深遠，王弼註釋此句曰：

> 西南致養之地，與「坤」同道者也，故曰「得朋」。東北反西南者也，故曰「喪

1　見《十三經注疏整理本・周易正義・卷第一》（北京市：北京大學出版社，2000年12月第1次印刷），頁28-29。
2　同前註，頁68-69。
3　同前註，頁193。
4　同前註，頁196。
5　同前註，頁224。

朋」。陰之為物，必離其黨，之於反類，而後獲安貞吉[6]

王弼認為西南是萬物得到養育的地方，在方位上和〈坤〉卦相同，所以得朋；而東北相反於西南，所以喪朋。為何西南是萬物得到養育之地？孔穎達正義如是說：

> 正義曰：坤位居西南。《說卦》云：「坤也者，地也，萬物皆致養焉。」「坤」既養物，若向西南，「與坤同道」也。「陰之為物，必離其黨，之於反類，而後獲安貞吉」者，若二女同居，其志不同，必之於陽，是之於反類，乃得吉也。凡言朋者，非唯人為其黨，性行相同，亦為其黨。假令人是陰柔而之剛正，亦是離其黨。[7]

孔穎達解釋王弼所注：『西南致養之地，與「坤」同道者也，故曰「得朋」。』是從〈說卦〉進行解釋，〈說卦〉也說明八卦的方位：

> 萬物出乎震，震，東方也。齊乎巽，巽，東南也。齊也者，言萬物之絜齊也。離也者，明也。萬物皆相見，南方之卦也。聖人南面而聽天下，嚮明而治，蓋取諸此也。坤也者，地也。萬物皆致養焉，故曰致役乎坤。兌，正秋也，萬物之所說也，故曰說言乎兌。戰乎乾，乾，西北之卦也，言陰陽相薄也。坎者，水也，正北方之卦也，勞卦也，萬物之所歸也，故曰勞乎坎。艮，東北之卦也，萬物之所成終而所成始也，故曰成言乎艮。[8]

〈說卦〉從萬物出於〈震卦〉說起，並說明〈震卦〉位於東方，並順時針方向依序說明〈巽卦〉位東南、〈離卦〉位南方、〈坤卦〉〈兌卦〉未言明方位，至〈乾卦〉又說是西北之卦，到最後的〈艮卦〉位東北，將八個方位全都一一點明其方位，依照〈說卦〉的排列敘述，〈坤卦〉即位於西南。王弼根據〈說卦〉解釋「西南的朋，東北喪朋」，孔穎達解釋王弼所做的注，當然亦是從〈說卦〉而解。

〈說卦〉只是說明〈坤卦〉的方位，為何西南得朋？東北喪朋？王弼認為：

> 西南致養之地，與坤同道者也，故曰得朋；東北反西南者也，故曰喪朋。[9]

王弼認為依據〈說卦〉所說，西南是致養之地，和〈坤卦〉的道理相同，所以得朋，東北剛好與西南相反所以喪朋，從王弼對這段話的注解，可見王弼有將「朋」解釋為類集之意，所以西南是致養之地，與〈說卦〉將〈坤〉解釋為地也，萬物致養焉，西南與〈坤卦〉都有相同的含意，所以得朋，也既是類集。孔穎達註解王弼這段話，他認為：

> 「西南得朋」者，以假象以明人事。西南坤位，是陰也，今以陰詣陰乃得朋，俱
> 是陰類，不獲吉也。猶人既懷陰柔之行，又向陰柔之方，是純陰柔弱，故非吉
> 也。「東北喪朋，安貞吉」者，西南既為陰，東北反西南，即陽也。以柔順之
> 道，往詣於陽，是喪失陰朋，故得安靜貞正之吉，以陰而兼有陽故也。若以人事
> 言之，象人臣離其黨而入於君之廟，女子離其家而入於夫之室。[10]

孔穎達也是將「朋」作為類集，其《正義》言：「凡言朋者，非唯人為其黨，性行相同，亦為其黨，假令人是陰柔而之剛正，亦是離其黨。」[11]綜合言之，王弼以〈說卦〉解釋〈坤卦〉「西南得朋，東北利朋」，以西南為陰，〈坤卦〉也是陰，以「類集」的解釋謂之西南得朋，而東北背離西南故為陽，也因為陰背離陰，而向陽所以喪朋，所以朋之意為類集、群黨之意。

　　孔穎達的《五經正義》與王弼都是以〈說卦〉解釋〈坤卦〉卦辭，並且將「朋」解釋為類集。晚於孔穎達的李鼎祚在其《周易集解》中，對於「西南得朋，東北喪朋」有不同的解釋，李鼎祚引崔覲的注解釋這句話：

> 崔覲曰：妻道也，西方坤兌，南方巽離，二方皆朋，與坤同類，故曰「西南得
> 朋」。東方艮震，北方乾坎，二方皆陽，與坤非類，故曰東北喪朋。以喻在室得
> 朋，猶迷失於道，出嫁喪朋，乃順而得常。安於承天之正，故言「安貞吉」也。[12]

崔覲以妻道解釋〈坤卦〉，並說西方坤兌、南方巽離，二方都是朋，與坤同類，所以說「西南得朋」；而東方艮震、北方乾坎，二方都是陽，和〈坤〉不同，所以「東北喪朋」。崔覲把西南當作「西」、「南」二方，把東北看作「東」、「北」二方，而以喻在室得朋，由迷失於道至「故言安貞吉」句，一時無法理解他的意思為何，若看李道平[13]的

10　同前註，頁29。

11　同前註，頁30。

12　見李道平著：《周易集解纂疏》（北京市：中華書局，1998年12月第1版第2次印刷），頁70。

13　李道平（1788-1844），字遵王，一字遠山，號蒲眠居士，又稱溳上先生，湖北省安陸縣人，生於乾
　　隆53年（1788）卒於道光24年。嘉慶23年（1818）中舉，獲揀選知縣。隨後，連續參加了七次會
　　試，雖然五次都得到房官的薦卷，但都沒有被錄取。道光12年（1832）中進士，挑取國史館謄錄

疏，就能清楚崔覲的意思：

> 妻道也者，謂坤為母而有妻道。巽長女，離中女，兌少女。坤位西南，兌正西。
> 巽東南，離正南。女從乎母，故云「二方皆陰，與坤相類」，而曰「西南得朋」
> 也。乾為父，震長男，坎中男，艮少男。艮位東北，震正東。乾西北。坎正
> 北。。男從乎父，故云「二方皆陽，與坤非類」，而曰「東北喪朋」也。以喻女
> 子在室，得朋為朋，雖迷失事夫之道，正也。故曰「安貞吉」。《論語》曰：「君
> 子群而不黨。「群」即「得朋」，「不黨」即「喪朋」。[14]

李道平解釋崔覲的說法，他認為崔覲也是從〈說卦〉出發，他說坤為母而有妻道，巽長女，離中女，兌少女，以及乾為父，震長男，坎中男，艮少男等，亦是〈說卦〉對各卦的解釋，乃至各卦的方位也是如此，對於「朋」的解釋，王弼、崔覲都是認為「類集」。

　　然而兩方對於方位與類集的對象有不同的解釋，王弼認為西南就是指西南方是「坤卦」之位，而東北就是指東北方是〈艮卦〉之位，這二卦的方位都是從〈說卦〉而來；西南方是中的坤卦的方位，所以西南自然就有〈坤卦〉的特性，加上〈坤卦〉本身就是陰性，〈坤卦〉本身的陰性加上西南方的陰性，所以「西南得朋」，亦即坤卦的陰性與西南的陰性類集一起，而東北與西南正相反且屬陽性，所以「東北喪朋」，即坤卦的陰性，遇到東北方〈艮卦〉的陽性，陰柔之性與陽性無法類集所以喪朋。

　　崔覲對於「朋」的解釋與王弼相同，也是指「類集」同類、同性質聚集在一起，在於方位有明顯差異，崔覲認為「西南得朋」，是指西邊的〈兌〉與西南的〈坤〉以及南邊的〈離〉、東南的〈巽〉，因為與〈坤卦〉的性質相同，而聚集在一起，「東北喪朋」則是指東方〈震卦〉、東北〈艮卦〉以及北方〈坎卦〉、東北的〈乾卦〉其性都是陽性，不會與〈坤卦〉的陰性類集，所以〈坤卦〉在這四個方位喪朋。

官，不久，以教諭銜回家，等候實授。李道平博通經史，精研《周易》，認為漢儒解易，古義猶存，易學舊用王弼注，論象數不及漢儒之確，論義理不及宋儒之醇，酷愛唐人李鼎祚的《周易集解》。他參照清儒惠棟、張惠言，將自己研究所得，撰成《周易集解纂疏》36卷。編修王懿榮奏請以當代人所著諸經疏義，頒行學宮時，《周易集解纂疏》名列第一，公認是疏注《易經》較好的書，被刻入《湖北叢書》。江蘇學政王先謙，又校刻於湘南思賢書局，同時撰序稱許：「後之究心漢易者，必以是編為先路之導。」道光23年（1843）被選授嘉魚縣（今湖北省嘉魚縣）教諭。次年8月，病死任上，年57歲。著作現存《周易集解纂疏》、《有獲齋文集》二種，均藏於湖北省安陸市圖書館。

14 同前註。

（二）程頤、朱熹以方位陰陽解

北宋程頤以及南宋朱熹對於「西南得朋，東北喪朋」的解釋，也是從陰、陽位出發，程頤在其《易程傳》中對「西南得朋,東北喪朋」的解釋為：

> 西南陰方，東北陽方。陰必從陽，離喪其朋類，乃能成化育之功，而有安貞之吉。得其常則安，安於常則貞，是以吉也。[15]

程頤也是認為西南是陰方，東北是陽方。陰方必是陽方的從屬，離開或者喪失陰方的朋類，才能成就化育萬物的功德。程頤不僅從陰陽解釋西南、東北兩個分位，對於「朋」的解釋也是作為朋類，亦即類集之意，程頤的解釋應可以說是出自王弼。朱熹對於「西南得朋，東北喪朋」的解釋，與程頤甚近，朱熹在其《周易本義》說：

> 牝馬，順而健行者，陽先陰後，陽主義，陰主利。西南，陰方，東北，陽方。安，順之為也。貞，健之守也。遇此卦者，其占為大亨，而利以順健為正。如有所往，則先迷後得而主於利。往西南則得朋，往東北則喪朋，大抵能安於正則吉也。[16]

朱熹也是將西南解釋為陰方，東北解釋為陽方，朱熹並說：「陽先陰後，陽主義，陰主利」他不僅依照前人的說法以陰陽分列西南、東北，更賦予義、利之分，所以才會說「利以順健為正」，若是從朱熹對於〈彖傳〉的解釋，就可以更清楚意涵：

> 陽大陰小，陽得兼陰，陰不得兼陽，故坤之德，常減於乾之半也。東北雖喪朋，然反之西南，則終有慶矣。[17]

朱熹認為「陽先陰後」、「陽大陰小」，故「坤之德，常減於乾之半」，即坤不可先乾，不可與乾比大。因〈坤卦〉屬陰，如果遇到同屬陰的方位即能主利。朱熹認為坤若是往東北陽方則迷失，因為陰陽不同類。朱熹對於〈坤卦〉的方位以及陰陽屬性，也是來自〈說卦〉，觀其對〈彖傳〉的解釋，似乎是將倫常放入其中，「陽大陰小」是指坤、巽、離、兌為「陰」卦，分別象徵母親、長女、中女、少女，而陽卦：乾、震、坎、艮等

15　程頤著：《易程傳》（臺北市：世界書局，1979年10月5版），頁12。

16　朱熹著：《周易本義》（臺北市：世界書局，1979年10月5版），頁5。

17　同前註。

卦，則是象徵父親、長男、中男、少男，所以「陽大陰小，陽得兼陰，陰不得兼陽，故坤之德，常減於乾之半也」。所以程頤、朱熹對於「西南得朋，東北喪朋」，也是自〈說卦〉而來。

（三）焦循從《易經》經文、傳文解

清儒焦循解釋「西南得朋，東北喪朋」也是從文字上面解釋，不同的是他直接從《易經》與〈說卦〉找尋解釋的線索與資料。焦循認為歷來有關西南得朋，東北喪朋的說法眾說紛紜，但在《易經》經文以及解卦辭的彖辭、說卦等早已說清楚，焦循也是以〈說卦〉解釋〈坤卦〉的方位：

> 西南東北之說言人人殊，乃求之經，求之傳，明白可見也。《說卦傳》云：「艮東北之卦也，物之所成終而所成始也，故曰成言乎艮。艮之為東北，傳明言之，因推震為東方，巽為東南，離為南方，坎為北方，乾為西北。兌正秋為正西，坤不言而知為西南矣。[18]

焦循解釋西南、東北的來由與含意後，焦循透過《易經》中其他卦卦辭來解釋「西南得朋，東北喪朋」，他以〈蹇卦〉：利西南，不利東北，作為引證：

> 坤象云「西南得朋，東北喪朋」，〈象〉云「西南得朋，乃與類行；東北喪朋，乃終有慶」，其義隱奧，原不易明，乃經則自明之於蹇。蹇象云「利西南，不利東北」，方其為坤，乾二之坤五為得朋，二行而上亦行，是為乃與類行，於是坤成蹇。蹇下艮為東北，若令乾四又之坤初，則是革四之蹇初，成兩既濟，故坤成蹇，其道已窮，急宜變通於睽，睽五喪而未得，故喪朋。喪朋則終有慶，不喪朋而終則不利，故不利東北。因不利東北，所以喪朋，喪朋而後乃終有慶也。蹇傳云「蹇利西南，往得中也。不利東北，其道窮也」，其義甚明。於蹇言西南東北，知坤之東北謂蹇，於坤言西南東北，知蹇之西南謂坤，坤蹇兩卦彼此互明，明白如繪。

焦循以〈蹇卦〉卦辭：利西南，不利東北，解釋「西南得朋，東北喪朋」。焦循所謂的「乾二之坤五為得朋」，從荀爽解釋〈坤卦・彖辭〉中的「含弘光大」而來，荀爽認為：「乾二居坤五為含，坤五居乾二為弘，坤初居乾四為光，乾四居坤初為大也。」，李

道平在《周易集解纂疏》解釋此句為：「乾二之坤五成坎，坎中實二陰包一陽，故為含」[19]，透過李道平的解釋，焦循所謂的「乾二之坤五為得朋」就淺顯易解，而「二行而上亦行」就是指〈坎卦〉的上下卦都是坎，所以類型。也因為如此，所以〈坤卦〉就成了〈蹇卦〉，〈蹇卦〉下卦為艮，艮的方位在東北，因〈坤卦〉成為〈蹇卦〉，所以〈坤卦〉的道就不足，急需變通，因急需變通所以變成了〈睽卦〉，〈睽卦〉的第五爻是陰爻，為失而未得，所以喪朋，焦循認為〈坤卦〉〈蹇卦〉一個位在西南，一個位在東北，以兩卦的卦辭、彖辭可以互解明白此句意思。

三 以納甲、方位解釋

（一）魏伯陽、虞翻以結合月象變化納甲解釋

以「納甲」解釋《易經》始於漢代京房的《易傳》，「納甲」的意義為何？他於解釋〈歸妹卦〉時說：

> 分天地乾坤之象，益之以甲乙壬癸，震巽之象配庚辛，坎離之象配戊巳，艮兌之象配丙丁。八卦分陰陽，六位五行，光明四通，變易立節。[20]

京房認為分別以天地說明〈乾掛〉、〈坤卦〉的卦象，再加以〈乾〉納甲、壬，〈坤〉納乙、癸，〈震〉納庚，〈巽〉納辛，〈坎〉納戊，〈離〉納己，〈艮〉納丙，〈兌〉納丁，他將天干與八卦連結，也將十二地支與六爻連結，並且將八個卦分成陰陽二方、六個方位與金木水火土五行。然京房的易傳對於「西南得朋，東北喪朋」卻未提及，他於《易傳·坤掛》說：

> 〈坤〉，純陰用事，象配地，屬土，柔道光也。陰凝感，與《乾》相納，臣奉君也。……。建始甲午至己亥，積算起己亥至戊戌，周而復始。五星從位起太陰，西南方之卦，……。陰中有陽，氣積萬象，故曰陰中陰。

從這段話中，只能看出他也認為〈坤卦〉是西南方之卦，和〈說卦〉上所說〈坤卦〉的方位相同，此外並無明顯提及與「西南得朋，東北喪朋」有關的解釋，京房整段解釋中只有這句話「陰中有陽，氣積萬象，故曰陰中陰」，與得朋喪朋相關，其餘無法看出京

---

19 同前註12，頁72。

20 〔漢〕京房撰，〔吳〕陸績注《京氏易傳》（臺北市：世界書局，1986年），頁。

房對「西南得朋，東北喪朋」的解釋。

另一位以納甲解釋《易經》的三國時期的虞翻[21]，虞翻的「納甲」與京房的解釋不同，虞翻以月之晦朔盈虧變化為依據，他在〈彖傳〉中解釋「西南得朋，乃與類行」：

> 謂陽得其類，月朔至望，從震至乾，「與時偕行」，故「乃與類行」。[22]

李道平解釋虞翻這段話，他認為：

> 此已納甲言也，乾納甲壬，坤納乙癸，即「天地定位」也。震納庚，巽納辛，即「雷風相薄」也。艮納丙，兌納丁，即「山澤通氣」也。坎納戊，離納己，即「水火不相射」也。坎離為日月本體。〈繫·上〉曰：「懸象著明，莫大乎日月。」虞彼註云：「日月懸天，成八卦象。三日莫，震象出庚。八日，兌象見丁。十五日，乾象盈甲。十七日旦，巽象退辛。二十三日，艮象消丙。三十日，坤象滅乙。晦夕逆旦，坎象流戊。日中則離，離象就己。」此云：「謂陽得其

---

21 虞翻（164年－233年）生於東漢桓帝延熹7年（164），卒於東吳大帝嘉禾2年（233）。字仲翔，會稽餘姚（今浙江省餘姚市）人。日南太守虞歆之子。他本是會稽太守王朗部下，後投奔孫策，自此仕於東吳。他既可日行三百里，善使長矛，於經學也頗有造詣，尤其精通《易》學，又兼通醫術，可謂文武全才。虞翻曾為《老子》、《論語》、《國語》作過訓注，並著《明揚釋宋》。《隋書經籍志》：「梁有《古文論語》十卷，鄭玄注；又王肅、虞翻、譙周等注《論語》各十卷。」唐陸德明《經典釋文·敘錄》：「《論語》虞翻注十卷。」此即《論語》訓注。隋唐志著錄，有虞氏《春秋外傳國語注》二十一，此為《國語》訓傳。又隋唐志著錄，並有虞氏《太玄注》十四卷，此即為《易揚釋宋》（揚，揚雄。宋，宋衷）。《經典釋文·敘錄》：「《老子》虞翻注二卷」，《隋書經籍志》著錄相同，此即《老子》訓注。此外，虞氏還為《孝經》、《周易參同契》作過，唐玄宗注《孝經序》云：「韋昭，王肅先儒之領首。虞翻、劉邵抑次焉。」《經典釋文》卷二載虞注《參同契》云：「易字從日下月。」即是其證。虞氏于《周易》造詣最深。這主要得之于世代家傳易學和他本人處戰習易而不輟，博覽眾家之易說。
《隋書·經籍志》、《舊唐書·經籍志》著錄虞注《周易》九卷，《新唐書·藝文志》、《經典釋文》有虞注《周易》十卷，這是虞氏《易注》。另外，據唐代史志文獻記載，虞氏還撰有《周易日月變例》六卷，《京氏易律曆注》一卷，《周易集林律曆》一卷等易學著作。以上所列虞氏著作（包括非易學著作）皆亡佚。
現存虞氏易注主要見於李鼎祚《周易集解》。清孫堂《漢魏二十一家易注》輯有虞翻《周易注》十卷，《附錄》一卷，《逸書考》輯有虞翻《周易注》一卷，清惠棟《易漢學》，張惠言《周易虞氏義》九卷、《周易虞氏消息》二卷、《虞氏易禮》二卷、《虞氏易事》二卷、《周易虞氏候》二卷、《虞氏易言》二卷，曾釗撰《周易虞氏易箋》九卷，方申作《虞氏易象彙編》一卷，紀磊作《虞氏易義補注》一卷、《附錄》一卷、《虞氏易象考正》一卷，胡祥麟撰《虞氏易消息圖說》一卷，李銳作《周易虞氏略例》一卷，民國徐昂撰《周易虞氏學》六卷，對虞氏易學皆有闡發，是研究虞氏易的必備之書。
22 同前註12，頁73。

類」者，為一陽出震則生明，二陽見兌為上弦，三陽盈乾為望也。自朔至望，皆
「與時偕行」。且三陽由漸而息，為「得朋」。有始出震，震為「行」，故曰「乃
與類行」。

上所引李道平的疏，可以分成兩段言之，前半段即李道平解釋納甲與〈說卦〉之間的關
聯，隨後即以虞翻解釋〈彖傳〉所言的「懸象著明，莫大乎日月。」說明虞翻的納甲是
與月象結合，而且是從〈彖傳〉中所言：「懸象著明，莫大乎日月。」是虞翻觀察天象
而得到推論。白天太陽照掛天際，太陽不僅遍照大地，其他星宿的光芒也被其遮蓋，無
法觀察天象的變化，但夜晚只有月亮的光芒，天上除了月亮的光芒外，其他星宿也容易
被看見，所以可以藉由星象的變化，主要是月亮的圓缺改變，配合作息從事相關農耕，
甚至政治的運作，就也是中國古代流傳至今的曆法-農民曆。

　　李道平解釋在虞翻的說法，從月亮接受接受一份陽光從震的方位，即西方出現，接
著接受二份的陽光，以致於接受三份陽光成為滿月，正因為不斷獲得陽光緣故，所以月
亮從塑至望的過程，加上三陽由漸而息，就是「得朋」，也是虞翻對於「西南得朋」解
釋。對於「東北喪朋」，虞翻的解釋為：

> 陽喪滅坤，坤終復生，謂月三日，震象出庚，故「乃終有慶」，此指說，易道陰
> 陽消息之大要也。謂陽月三日，變而成震出庚，至月八日，成兌見丁，庚西丁
> 南，故西南得朋，謂二陽為朋。……。二十九日，消乙入坤，滅藏於癸。乙東癸
> 北，故東北喪朋。[23]

虞翻很明顯以月亮的圓缺運行，解釋「西南得朋，東北喪朋」，二十九日消乙入坤，滅
藏於癸，指的就是月底到月初，月亮不會出現的日子，所以東北喪朋。

　　早在虞翻以月體納甲註釋《易經》之前，大約漢桓帝時期的魏伯陽，在其所著的
《周易參同契》就定納甲的方位，在《四庫全書・子部七・提要・易通變四十卷》：「京
房之易言飛伏納甲而已，費直之易言乘承比應而已，至魏伯陽作《參同契》借易以明丹
訣，始言甲壬乙癸之方位。」魏伯陽在《周易參同契・聖人上觀章第四》：

> 三日出為爽，震庚受西方。八日兌受丁，上弦平如繩。十五乾體就，盛滿甲東
> 方。蟾蜍與兔魄，日月（氣）雙明，蟾蜍視卦節，兔者吐生光。七八道已訖曲折
> 低下降，十六轉受統，巽辛見平明，艮直於丙南，下弦二十三，坤乙三十日，東
> 北喪其朋。

---

23 同前註12，頁74。

魏伯陽將月亮盈虧分為六個階段，以震、兌、乾、巽、艮、坤六卦表示一月中陰陽的消長，甲、乙、丙、丁、戊、己、庚、辛、壬、癸十天干表示一月中的日月地位。如震表示初三日的新月，受一陽之光，昏見於西方庚地；兌表示初八日的上弦月，受二陽之光，昏見於南方丁地；乾表示十五日的望月，受三陽之光，昏見於東方甲地。這叫做望前三候，象徵陽息陰消。巽表示十六日的月象由圓而缺，始生一陰，平旦沒于西方辛地；艮表示二十三日的下弦月，複生一陰，平旦沒於南方丙地；坤表示三十日的晦月，全變三陰，伏于東北，所以東北喪朋。魏伯陽的月象圖如下，透過月象圖可更具體理解：

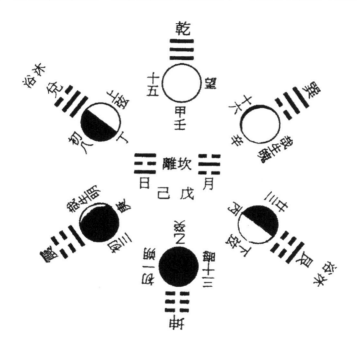

從魏伯陽的《周易參同契》可見納甲所定的方位，與〈說卦〉所說各卦的方位不同，納甲所定的方位與月亮有關，搭配天干以及月亮的圓缺，以六個卦訂出一個月中的六個階段，如此就更佳容易理解虞翻所解釋的「西南得朋。東北喪朋」。

（二）惠棟以爻辰說明月象變化解釋

　　清代經學大師惠棟也是以虞翻的納甲說，解釋「西南得朋，東北喪朋」，惠棟在其《易漢學·坤象》是這樣說明：

> 「西南得朋，乃與類行」謂：陽得其類，月朔至望，從震至乾，與時偕行，故乃與類行。「東北喪朋，乃終有慶也」陽喪滅坤，坤終復生，謂月三日，震象出庚，故乃終有慶。

惠棟的解釋乍看之下，幾乎與虞翻相同，但孫師劍秋在其曾〈惠棟《易》學著作、特色及其貢獻述評〉認為惠棟不僅從月象解釋，更從「爻辰」的角度，說明坤卦得朋是月象的變化：

> 惠棟探討虞翻《易》學，主要在八卦納甲圖與月象關係上。他認為虞翻所講的卦變，其實就是月象的盈虧，進一步確定虞氏《易》學所談的，即以朔望月為主的太陰曆《易》學。以《坤卦卦辭》為例：「西南得朋，東北喪朋，安貞吉。」王弼認為：「西南致養之地，與坤同道者也，故曰得朋；東北反西南者也，故曰喪朋。」在八卦方位中，坤居西南，坤的卦德又為靜養，所以王弼說與坤同道，即為得朋。這個解釋有些抽象，只能主觀接受。不過惠棟卻從「爻辰」的角度說明坤卦得朋指的是月象變化。[24]

孫老師認為惠棟從「爻辰」的角度，解釋坤卦得朋是指月象的變化，惠棟在其《周易述》是這樣解釋「西南得朋」：

> 爻辰初在未。未，西南陰位，故得朋。四在丑。丑，東北陽位，故喪朋。地闢于丑，位在未。未衝丑為地，正承天之義也，故安貞吉。虞氏說此經以納甲云：此易道陰陽消息大要也。謂陽月三日，變而成震出庚，至月八日成兌見丁，庚西丁南，故西南得朋。謂二陽為朋，故兌君子以朋友講習。……。爻辰者謂乾坤十二爻所值之辰。乾貞于十一月子，間時而治六辰；坤貞于六月未，亦間時而治六辰。乾左行。坤右行。十一月子，乾初九也，十二月丑，坤六四也，正月寅，乾九二也，二月卯，坤六五也，三月辰，乾九三也，四月巳，坤上六也，五月午，乾九四也，六月未，坤初六也，七月申，乾九五也，八月酉。坤六二也，九月戌，乾上九也，十月亥，坤六三也，二卦十二爻而暮一歲，鄭氏說易專用爻辰十二律，取法于此焉。坤初六在未，未值西南，又坤之位，故得朋。六四在丑，丑值東北陽位。故喪朋。[25]

惠棟以爻辰來解，就是以乾坤二卦的十二個爻代表時辰，也可以表是十二個月，若從月份來說，乾卦初九爻表示十一月子，而坤卦的初六爻則是六月的未，乾坤二卦的十二爻以也分別對應十二個月份。因為坤卦的初六爻在六月未，未值西南之位，又是坤的方

---

24 孫師劍秋撰：〈惠棟《易》學著作、特色及其貢獻述評〉（國立臺北師範學院學報，第16卷第1期，2003年3月），頁75。

25 《皇朝五經彙解・卷四》，頁47。

位，所以說西南得朋，而坤卦的六四爻在十二月丑，丑值東北，所以說東北喪朋。坤卦
六四爻在丑，為合適東北喪朋？惠棟引《漢書・天文志》作為解釋：

> 《漢書・天文志》曰：東北地事天位是也，子為天正，丑為地正，初在未，四在
> 丑，地正適其始，衝氣相通也，衝猶對也。《淮南・天文》曰：其對為衝，天開
> 於子，地闢於丑，承天之義。漢・楊震疏曰：臣聞師言，坤者陰精，當安靜承
> 陽。〈象傳〉注：謂安于承天之正是也。注釋得喪。正以坤之卦爻，皆有承天之
> 義，則此得朋喪朋，當指坤之一卦而言，故用劉氏之說，獨以爻辰釋之。

《漢書・天文志》認為東北是地服事天的方位，子是天的正位，丑是地的正位，《易
經》中又以乾坤二卦，分別表示天與地，所以坤卦的六四爻在十二月丑位，丑值東北之
位，東北為陽位，與坤卦不相類所以東北喪朋。清儒中與惠棟持相同看法的還有張惠
言，張惠言在其《周易虞氏義注》中，直接解釋虞翻的說法，所以在此不再引張惠言解
釋說明。

另外，惠棟也針對王弼、崔憬的解釋提出批判，並且說明他為何他會採取虞翻的解
釋，主要的原因還是在於「懸象著明，莫大乎日月」，將《易經》與天象結合在一起，
並且進行解釋：

> 後世王弼、崔憬之徒，舍坤象之卦爻，廣求之於方位，尋其歸趣，雖強附于得
> 喪，未見承天之象，今既刊落俗說，唯是易含萬象，所託多塗。虞氏說經，獨見
> 其大，故兼采之以廣其義。虞以易道在天，八卦三爻已括大要，故以得朋喪朋，
> 為陰陽消息之義，謂月三日之暮，震象出于庚方，至月八日，二陽成兌，見於丁
> 方，生明于庚，上弦于丁，庚西丁南，故西南得朋。謂兌二陽同類為朋。又兩口
> 對。有朋友講習之象。傳曰乃與類行是也。十五日乾體盈甲。六十日旦消乾成
> 巽。在辛二十三日成艮。在丙二十九日消乙。入坤滅藏於癸。乙東癸北。故東北
> 喪朋。坤消乾喪于乙。故坤為喪也。

有以上陳述可知，以納甲解釋「西南得朋，東北喪朋」句，其源來自《繫辭》：「懸象著
明，莫大乎日月。」京房雖首先提出納甲的說明，將八卦與天干結合；到了魏伯陽將納
甲與月象結合，並依照月亮的盈虧而定出六個階段，並以六個卦代表，也將十天干明列
方位，虞翻在依照魏伯陽的主張解釋《易經》，然虞翻所解釋的「西南得朋，東北喪
朋」所得西南與東北，是完全不同於〈說卦〉，所以若依照王弼的解釋，而非虞翻之說
時，就會覺得牽強、複雜與破碎，甚至會以為〈說卦〉中即已明白指出八卦方位，為何
還需以納甲另定方位？只能說根據不同，而推斷出不同的說法，且納甲說還有一項考

慮，即〈坤卦〉本身即有柔順之意，若從天象而論，最有柔順的之德者莫過於月，這是結合卦德而進行的解釋。

四 以《易經》成書背景及同時代典籍解釋

此乃以與《易經》成書時代的歷史事件，或是與《易經》同時期的典籍進行解釋。若依照司馬遷在《史記‧周本紀》所說：「西伯蓋即位五十年。其囚羑里，蓋益易之八卦為六十四卦。」意指《易經》六十四卦與卦辭，在周文王被紂王囚禁在羑里時，所推演出來並寫下，所以《易經》卦辭的寫成時代，應該是商末周初的時候，推演《易經》卦辭寫成時代的歷史背景，解釋「西南得朋，東北喪朋」兩具卦辭的意義，這樣的解釋方法是古所未見，為現代學者的創說，分別見於錢穆與屈萬里的文章中。錢穆在其〈易經研究〉，即以當時的時代背景與歷史條件提出他的看法與解釋：

> 西南得朋，東北喪朋。（坤卦象辭）利西南，不利東北。（蹇卦象辭）利西南。（解卦象辭）這三條裡的西南、東北，從來解《易》的人，都從《易》卦的方位上去解釋。但是我卻懷疑，何以《易》辭裏只留下「利西南不利東北」的卦，更沒有「利東北不利西南」的。而且八卦代表方面，應該各方皆全，何以《易》辭裏只有記到西南、東北兩方，而沒有及西北、東南的，原來西南是指的周，東北是指的殷。《易》是《周易》，自然只利西南，不利東北了。這也不是我的創解，屯卦的象辭說：「密雲不雨，自我西郊。」鄭康成就說：「我者，文王自謂也。」既濟的九五爻說：『東隣殺牛，不如西隣之禴祭，實受其福。』鄭康成也說：『東隣，謂紂國中。西隣，文王國中。』可見漢儒也尚如此說，不過沒有悟到西南、東北也是一例罷了。」[26]

錢穆懷疑《易經》所列的方位，為何都是對西南有利？而且除了西南與東北外，其他方位並沒有提及，於他認為「西南」指的是周朝，而「東北」是殷商所在地，錢穆也引鄭玄注〈既濟卦〉：「東隣，謂紂國中。西隣，文王國中」做為佐證。引用距離《易經》成書時代最近的經學大師鄭玄的註解，佐證自己的想法。錢穆認為西南是指西岐，東北是指殷商，屈萬里則是更進一步認為卦爻辭作於殷周之際，成於周人之手，卦爻辭都有為西岐周朝宣傳的用意，屈萬里在其〈周易卦辭利西南不利東北說〉中說：

> 今按卦爻辭作於殷周之際，成於周人之手（此當另說詳之）其辭頗有寓宣傳於卜

---

26 錢穆著：《中國學術思想史論叢第一冊》（合肥市，安徽教育出版社，2004年），頁260。

筮之意。既濟九五：「東鄰殺牛，不如西鄰之禴祭，實受其福」；即詩皇矣：「乃
眷西顧，此維與宅」之此，以示天命之歸周：是其最著者也。西南東北諸語，義
亦類此。蓋紂都洹水之濱，周在渭水之域，一居西南，一居東北。周人冀殷人之
歸己，惡周人之附殷，故於征行之人，告其來西南則利，則得朋，往東北則否。
以遂其天與人歸之願，此揆諸情勢而可信者也。

屈萬里與錢穆的看法相同，也是認為西南、東北，是指殷商與周朝國都的所在位置，屈
萬里更進一步指出，「周人冀殷人之歸己，惡周人之附殷，故於征行之人，告其來西南
則利，則得朋，往東北則否。」得朋與喪朋具有政治目的與暗示，希望商朝人得以歸
附，所以藉由《易經》卦辭進行暗示與宣傳。除了錢穆與屈萬里外，胡樸安在其《周易
古史觀》對於「西南得朋，東北喪朋」解釋，與錢穆、屈萬里持相同的看法，因說法相
近故不引之。

　　金景芳與呂紹剛認為對於西南與東北的解釋，可以依據程頤與朱熹的說法，他們二
位則是引用《禮記・鄉飲酒禮》解釋程頤與朱熹所言西南代表陰方，東北代表陽方的的
說法，他們認為西南代表陰方，東南代表陽方，似乎是一種古老的觀念：

　　「西南」與「東北」兩個方位詞應怎麼理解呢？有人把他們同邵雍的先天八卦後
　　天八卦聯繫起來解釋，但解釋不通。程頤和朱熹說「西南陰方，東北陽方」是可
　　從的，西南代表陰方，東南代表陽方，似乎是一種古老的觀念，《禮記・鄉飲酒
　　禮》說「四面之坐，象四時也。天地嚴凝之氣，始於西南而盛於西北，此天地之
　　尊嚴氣也，此天地之義氣也。天氣溫厚之氣，始於東北，而盛於東南，此天地之
　　盛德氣也，此天地之仁氣也。」[27]

金景芳與呂紹剛以《禮記・鄉飲酒禮》中的記載，認為天地嚴凝之氣，也就是嚴寒之氣
開始於西南方，而盛餘西北方；天氣溫厚溫暖之氣，使於東北方，而盛於東南方，也因
此認為西南代表陰方，東北代表陽方。《禮記》成書年代約在春秋戰國時期，可反應古
代對於方位陰陽性的認知。而對於「西南得朋，東北喪朋」的解釋，金景芳與呂紹剛的
解釋：

　　坤卦曰：「利西南得朋，東北喪朋」是什麼意思呢？「西南得朋」與「東北喪
　　朋」同樣有利。朋是朋類；得朋喪朋是與「上文」得主相照應的。作為坤來說，
　　其根本的問題是如何得到乾健作己之主，得到乾健作己之主就吉，失乾健作己之

---

27 金景芳、呂紹剛著：《周易全解》（上海市：上海古籍出版社，2005年第2版第2刷），頁64。

主就兌。坤順怎樣方可得主呢？「東北喪朋」東北是陽方代表乾，就坤對乾的態度說，應當忠誠不貳；欲忠誠不貳，根本的問題是「喪朋」，及引類相先而不為阿黨，「西南得朋」，西南是陰方，代表坤，就坤對乾效勞的方式說，應該竭盡全力；欲竭盡全力，根本的問題是「得朋」。喪朋得是一個問題的兩個方面，坤對乾既然要順，要得到乾為己之主，就要一方面不結私黨而效忠於乾，一方面聯合眾力而效勞於乾。[28]

金景芳與呂紹剛認為「得朋」、「喪朋」是與上文「得主」來說，〈坤卦〉柔順，需得到〈乾卦〉作己之主，所以就坤對乾的態度說，應當忠誠不貳；欲忠誠不貳，根本的問題是「喪朋」，及引類相先而不為阿黨，「西南得朋」，西南是陰方，代表坤，就坤對乾效勞的方式說，應該竭盡全力；欲竭盡全力，根本的問題是「得朋」。

從錢穆、屈萬里等現代學者對於「西南得朋，東北喪朋」提出新的看法，以當時的時代背景與政治情勢做為佐證；而金景芳與呂紹剛則是將程頤與朱熹將西南屬陰，東北屬陽的說法，以《禮記》中的記載進行完整詮釋，然而整體的解釋有失〈坤卦〉主體性的感覺，〈坤卦〉的解釋卻依附在〈乾卦〉，這樣的解法過於牽強。

五　以新出土文物所載及所解

上個世紀中國陸續出土許多文物，這些新出土的文物中和《易經》有關就包含：20世紀20年代，在河南洛陽，東漢時太學遺址出土的熹平石經《周易》殘石；1973年湖南長沙，馬王堆西漢墓出土的帛書《周易》；1977年安徽阜陽，西漢汝陰侯墓出土的《周易》殘簡；90年代出土，現藏於上海博物館的戰國楚簡《周易》；1993湖北江陵王家臺秦墓出土的秦簡《龜藏易》[29]。這些文物出土可提供解釋〈坤卦〉卦辭：「西南得朋，東北喪朋」的參考。

〈坤卦〉在帛書《易經》中卦名為川，玉篇川部注：「巛，讀川，古為坤字。」釋文：「坤，本又作巛，坤今字也」。對於「西南得朋，東北喪朋」的解釋，張立文在其《周易帛書今注今譯》一書中說：

> 「朋」，帛書周易作 ㊎ 朋有二解：一是朋友之朋。⋯⋯，二是朋貝之朋，即十貝為朋。叔德簋曰：「王錫叔德臣嬗十人，貝十朋，羊百。」周易集解引崔憬曰：「雙貝為朋，價值二十大貝，龜之最神貴者」詩菁菁者莪：「錫我百朋」，鄭箋：

---

28 金景芳、呂紹剛著：《周易全解》（上海市：上海古籍出版社，2005年第2版第2刷），頁65。

29 見連劭名著：《帛書周易疏證》（北京市：中華書局，2012年第1版），叢書前言，頁3。

　　「古者貨貝，五貝為朋」……，此處兩解均可通。然釋「朋貝」之「朋」為勝。
易經朋友稱「友」。損六三：「一人行則得其友。」朋與友用法有別。[30]

張立文並沒有對「西南有朋，東北喪朋」提出解釋，只針對「朋」提出二種解釋，且認
為作為「朋貝」也就是貴重物來解較為適合。另外連劭名在其所著的《帛書周易疏證》
中所提出的解釋也是著重在「朋」字，他說：

　　朋同鳳，《說文》云：「鳳，神鳥也。」又云：「鳳飛，群鳥隨以萬數，故以為朋
　　黨字。」……。殷墟所出商代卜辭中有「帝使鳳」。乾為龍，坤為鳳。坤位西南
　　而生，故曰西南得朋。鳳為天命的象徵，《禮記‧中庸》云：「天命之謂性」艮位
　　東北為死。故曰東北喪朋。[31]

連劭名以鳳解釋朋，並且引《說文》說鳳是神鳥，鳳一飛，群鳥就會跟隨，所以是朋黨
的意思，接著並以殷墟出土的商代卜辭，說「帝使鳳」，再以乾坤分別代表龍鳳的說
法，連結坤卦的方位在西南，所以西南得朋，艮位在東北為死，所以東北喪朋。連劭名
以《說文》又以殷墟出土的商代卜辭，又以〈說卦〉中表示〈坤卦〉的方位，如此連結
再解釋西南得朋，東北喪朋」，以上二位學者的解釋較以往學者不同，其他的學者，對
於「西南得朋，東北喪朋」的解釋和前人極為相近，例如：朱冠華所撰〈帛書與今本
《周易》之乾、坤二卦四題〉，遂不一一引用。

六　結論

　　綜觀以上四種解釋「西南得朋，東北喪朋」的說法，似乎都有無法使人信服之處，
梁韋弦在其所撰〈坤卦卦辭「西南得朋，東北喪朋」的解釋及相關問題〉[32]一文即對歷
來的各家的解釋提出辯駁，首先他認為以八卦方位，無法解釋坤卦卦辭，他引王夫之
《周易稗疏》一書中，立「西南得朋，東北喪朋」一目，對以八卦方位解此卦辭之誤做
過專門辯證，王夫之認為先天八卦方位與坤卦卦辭之不合是明顯的，其次，王夫之認為
《說卦傳》曰：「帝出乎震，齊乎巽，相見乎離，致役乎坤」，出乎震，齊乎巽的主體是
帝，而不是震、巽、離、坤這些卦在運行。同樣，往西南則得朋，往東北則喪朋的主體
不是坤卦本身，從語義上說應另有主體，這是正確解說卦辭的實質和關鍵。

30　張立文著：周易帛書今注今譯》（下冊）（臺北市：學生書局，1991年9月初版），頁411。
31　同前註26，頁107。
32　梁韋弦撰：〈卦卦辭「西南得朋，東北喪朋」的解釋及相關問題〉,《學術整理研究學刊》，2004年7
　　月第4期，頁49-56。

　　《周易》本來就是一部卜筮的書籍，各卦的卦辭主要是來告訴卜卦的人，卜得此卦應該要如因應，所以主體不是〈坤卦〉本身，而是應該卜卦的人，所以歷來以不論是從文字義理，或者是納甲月象解釋這段文字，甚至解釋整個《易經》卦辭、爻辭都忽略了這一點。此外，無論用〈說卦〉的八卦方位，還是用帛書〈易之義〉裡所說的「歲之義」，都無法直接且完整解釋「西南得朋，東北喪朋」的含意，所以不該用這些說法強加解釋，然後再穿鑿附會，短短八個字卻以長篇說明，若是從成書先後而論，正如梁韋弦所認為：「由《說卦傳》的八卦方位到《易之義》篇的「歲之義」及至漢易卦氣，經歷了一個歷史發展過程，其前後內容是有明顯不同的，我們可以認為前者是後者形成的思想資料，但不能將前者視同卦氣。」

　　梁韋弦這段話不僅說明〈說卦〉至漢易卦氣先後的順序，也說明了前者會事後者形成的思想資料，而〈彖辭〉、〈象辭〉、〈文言〉、〈繫辭〉、〈說卦〉、〈序卦〉、〈雜卦〉亦是如此，其根本都來自於《易經》的卦、爻辭，都是晚於《易經》卦辭、爻辭寫成的年代，不能將後人的思想與觀念，強加在前人身上，所以要解釋「西南得朋，東北喪朋」還是得直接從卦辭上解，並且考量《易經》成書的本意，正如同朱熹在其《易本義》上所說：「遇此卦者，其占為大亨。而利以順健為正。如有所往，則先迷後得而主利。往西南則得朋，往東北則喪朋。大抵能安于正則吉也。」[33]就只是勸誡占得此卦的人，利以順健為正，會先迷後得主。加上綜觀整部《易經》所提及的方位、方向，都是往西南方有利，若依據周文王推演六十四的卦，周公作爻辭的說法，「西南得朋，東北喪朋」，較為合理的解釋，應為錢穆與屈萬里所主張，西南指的是周朝都城所在，而東北是相對周朝都城，為殷商都城所在之地，並且藉由卦辭進行具有政治目的的宣傳。

　　商、周時期只有貴族才有受教育的權力，在商朝以龜殼占卜是貴族專屬的權力，並非人人可以為之，加上商、周時期只有貴族才能參與戰爭，貴族就等於統治的基礎，若是能爭取越多的貴族支持，才能獲得更多的武裝力量，從統治面來說，統治權才得以更加穩固，反過來說，推翻當朝的機率才能大大提升，且推翻當朝之後，國家才能安定。所以考量《易經》成書的背景以及用途，直接從〈坤卦〉卦辭進行解釋才是最正確的解釋。

---

33 同前註16。

參考文獻

《周易正義》　《十三經注疏整理本》　北京市　北京大學出版社　2000年

〔漢〕京房撰〔吳〕陸績注　《京氏易傳》　臺北市　世界書局　1986年

〔北宋〕程頤　《易程傳》　臺北市　世界書局　1979年

〔南宋〕朱熹　《易本義》　臺北市　世界書局　1979年

〔清〕焦循著　《雕菰樓易學》　北京市　北京大學出版社　2012年

〔清〕李道平　《周易集解纂疏》　北京市　中華書局出版社　1994年

〔清〕扶經心室主人　《皇朝易經彙解》　臺北市　鼎文書局　1972年

屈萬里　《屈萬里先生文存》　第1冊　臺北市　聯經出版社　1985年

張立文　《周易帛書今注今譯》　臺北市　臺灣學生書　1991年

錢　穆　《中國學術思想史論叢》　第1冊　合肥市　安徽教育出版社　2004年

楊吉德　《周易卦象與本義統解》　濟南市　齊魯書社出版社　2004年

林中軍　《周易鄭氏學闡微》　上海市　上海古籍出版社　2005年

金景芳、呂紹剛　《周易全解》　上海市　上海古籍出版社　2005年

〔明〕智旭著　曾其海疏論　《周易禪解疏論》　上海市　上海古籍出版社
　　　　2006年

蔡尚思主編　《十家論易》　上海市　上海人民出版社　2007年

連劭名　《帛書周易疏證》　北京市　中華書局　2012年

期刊論文

廖名春　〈坤卦探原——兼論八氣說產生的時代〉　《東南學術》第1期　2000年1月
　　　　頁13-18

陳廖安　〈論《易·坤》之「西南得朋東北喪」〉　《春風煦學集黃慶萱教授七秩華誕
　　　　受業論集》　臺北市　里仁書局　2001年　頁5-30

孫師劍秋　〈惠棟《易》學著作、特色及其貢獻述評〉　《國立臺北師範學院學報》
　　　　第16卷第1期　2003年3月　頁75

林世榮　〈李光地《周易折中》發微——以乾坤二卦為示例的探討〉　《鵝湖月刊》
　　　　第399期　2008年9月　頁23-37

是非成敗轉頭空

——〈空城計〉探索

丁美雪[*]、孫劍秋[**]

摘　要

　　小說，不只是小說，而是小說作者以故事為誘餌，邀讀者進入各式各樣的人生中——是的，虛虛實實、假假真真。我們在閱讀小說的過程中，一方面受情節吸引，與書中人物結合為一，感受其所感，體驗其所體驗。個人真實的生活也許封閉，但是小說虛幻的世界卻無限寬廣。我們夜以繼日手不釋卷，在作者精心設計的情節與表現手法中，被迷炫、受召喚。而古典小說歷經時代的汰煉，更是經典中的經典，沒有讀過整本《三國演義》，一定讀過中學課本的〈空城計〉，〈空城計〉何以經典？何以是百年教科書不變的選篇？

　　本文在文本解讀析評中，從情節內容與形式手法起始，論述小說家精采絕倫的設計，並導入孫紹振「錯位」理論，了解小說的張力來自於諸葛亮、司馬懿兩人面對「空城」的錯位。最後，歸入小說的閱讀主題探索，讀小說，讀出了什麼？小說與人生的連結關係又是什麼？

關鍵詞：〈空城計〉、小說鑑賞、懸疑、小說主題、內容與形式

---

*　丁美雪：第一作者。實踐大學應用中文系兼任助理教授，國立高雄師範大學國文系博士。

**　孫劍秋：通訊作者。國立臺北教育大學語文與創作學系教授。

一　緒論

不可否認地，幾乎所有讀者初次閱讀《三國演義》的經驗都是由〈空城計〉而來，〈空城計〉何以經典？何以閱讀《三國演義》沒有人不提〈空城計〉？何以在穿梭久遠的年代後，對於《三國演義》的研究依舊熱情不滅？空城計的故事在正史上並沒有記載，但是諸葛亮大膽迷人的形象卻深印鐫刻在每人心房上，其形象之鮮明，呼之欲出。

一般撰寫分析〈空城計〉者，主要撰寫其為心理戰術，學習諸葛亮臨事不亂；或是正面讚賞諸葛亮，如：張錦池（2001：142-143）：「《三國志通俗演義》仲達之抗擊武侯，是以『謹慎』對『謹慎』，漢魏六朝的士大夫皆精通音樂，『武侯彈琴退仲達』，你彈我聽，實乃一場驚心動魄的心理戰，而『兩智相遇，勇者勝』，所以『空城計』乃千古絕唱。」；魯博林（2010：62-63）則提出：《三國演義》之〈空城計〉，原屬於作者妙筆生花的虛寫。而作者之所以憑空虛構出這一段情節，自導自演了一場傀儡大戲，根本上是為了人物形象，尤其是諸葛亮形象的塑造服務，而司馬懿的形象在陪襯之餘，也相應地發生了脫離歷史而趨向民間的畸變。

另一種說法則是——「鳥盡弓藏」說：如張振昌（2002，65-69）：「羅貫中在《三國演義》中運用「隱語」的創作方法——正面表現了擁劉反曹的傾向，卻用意義相反的暗示<u>將曹操描寫為大英雄</u>[1]；正面描寫賢相諸葛亮的神機妙算，暗裡卻追究他亡國的責任。」在空城計故事中，既表現了諸葛亮的神機妙算，又揭露了諸葛亮與司馬懿達成政治默契，是十足的政治野心家，也暴露了諸葛亮在指揮、用人等方面的錯誤，認為諸葛亮應對西蜀的滅亡負主要責任；朱豔平（2007：58）指出，諸葛亮用「空城計」戰勝了司馬懿，成就了自己的威名，但這場較量背後也許埋藏了眾人忽視的計謀——司馬懿退兵的真正目的不是諸葛亮，不是蜀國，而是魏國的政權。諸葛亮只是他奪取魏國政權的一枚棋，其目的為平衡曹魏皇帝對司馬懿壓力的棋子。

以上對於空城計的解析，或從小說作者羅貫中對諸葛亮形象的形塑，或從歷史上真正的諸葛與小說的諸葛做對比，指出司馬懿外在退兵，但事實上心中另有他計，所依據的分析幾乎是情節的推衍。而閱讀《三國演義》很容易被以下故事如：關羽過五關斬六將、孔明草船借箭、孔明借東風、空城計、周瑜打黃蓋……所吸引，以上皆非正史，而是小說家搖唇鼓墨，極力渲染所作。讀者除了動容於故事情節的精彩之外，小說家還做了什麼？讓讀者深深陷入閱讀的情境之中，挑燈夜戰，手不釋卷、不能自已？如何讀小說？怎樣讀到小說的精髓？西方文學理論查特曼在布斯《小說修辭學》（1961年）隱含

1　曹操是否如其所說為大英雄？其他論述見孫紹振〈曹操：從熱寫青年變為血腥屠夫的條件：多疑〉（2016b：596-615）。

作者的基礎下，以符號學的交際模式說明敘事文本的交流（1978年）[2]，其所謂「隱含讀者」，就是隱含作者心目中的理想讀者，或者是文本預設的讀者，是一種和隱含作者高度完全保持一致、完全能理解作品的理想化的閱讀位置。「隱含讀者」強調的是對作者的創作目的的理解與體現。生活中的「真實讀者」往往難以到達「隱含讀者」的層次，或受於不同經歷、不同立場導致阻塞真實讀者進入文本預設的接受狀態。因此，闡釋文本意義時，讀者應盡量將自己融入文本之中，擺在隱含讀者的位置去理解隱含作者所設置的文本意涵。

如何成為「隱含讀者」，如何進行深度解讀？孫紹振老師關於此有大量的文本解析，無論是理論的建構，各種文體的分析，孫紹振著作等身，令人欽佩。因此，本文研究理論擬從小說形式的解構，從情節內容與寫作手法探索小說家如何設置小說的情節，並以孫紹振老師的文學解讀方式，讀出小說家如何建構情境，讓讀者身陷其中，從而同理心了書中人物，也理解了小說的主題意義。

二　小說鑑賞解讀

西方20世紀的俄國形式主義、英美新批評、結構主義、解構主義都是從文本出發，試圖破解文本的語言來解開文學的奧秘。西方語言學批評的引介有助於釐清中國文學理論研究與批評長期忽略文學內部規律，以實證的社會學研究替代文學研究，對於文本形式結構的研究，有其貢獻。

細細思量，俄國形式主義的陌生化——就心理學而言，陌生化的確是引起知覺的「注意」；英美新批評的「細讀」正是中國傳統批評的詩話、詞話的方式，其所提出的「悖論」就是文學張力之所以產生；文體學的「前景化」、「凸顯」，與修辭學的「偏離」概念相同，是文本得以突出形成文學之點。話語經由文學家修辭轉化，製造審美意義上的陌生化效果，依照陌生化方式置換或修改常規語義或形式，敞開感知系統以產生美感效應，再通過概念認知，在邏輯層面上維護已知經驗，按照已知經驗複現其修辭話語或話語結構的概念認知模式，以有限的概念認知模式解讀無限豐繁的大千世界。這是文學語言的認知建構。

不同於西方文學理論建構的文學形式探索，孫紹振認為（2015：5-10）：「文學文本解讀追求對審美的感染力和文本的特殊性、唯一性、不可重複性的闡釋。」孫紹振他的研究方法是利用還原法，找出其矛盾對立點，從邏輯到歷史的具體分析，還原普遍概括的特殊性個別性。孫紹振以其個人的學識、經歷，豐富的學養詮釋文本，提出：「情節的功能，一是將人物打出常軌，第二是暴露人物的第二心態，第三是造成人物之間的情

2　相關理論見申丹（2010：70-71）、譚君強（2014：35）

感錯位。」（2016a：3-5）以此模式分析小說人物，的確深入到位。

再者，提出《三國演義》故事的深層結構：

> 《三國演義》中臨機應變、足智多謀的戰略戰術不勝枚舉，但其基本思想是爭取正統王位的「奇才決定論」。曹操求才而忌才，孫權雄才而重才，關公恃才，周瑜妒才，諸葛亮以才報知遇之恩。只有劉備是例外：無才。但身為正統，傾心用才，有奇才者則平等待之如兄弟、尊之如師長。一部《三國演義》就是一部求奇才、爭奇才、鬥奇才的心靈交戰圖。《三國演義》許多大大小小的戰役往往因為一才之得或一才之失而決定勝敗。這和《西遊記》一樣，因一法術、一仙之助而渡過難關。《水滸傳》的許多征戰也有類似的特點，打到十分困難的時刻，便有人獻策爭取某一能人，哪怕是用欺騙的手段也好，只要引進人才就能逢凶化吉。如果《三國演義》滿足於這樣的套路就沒有它獨特的魅力了。值得慶幸的是《三國演義》在「奇才決定論」的老套之下展開奇才人物之間複雜錯綜的心靈搏鬥圖。正是因為這樣，《三國演義》語言上的缺陷（諸多陳詞濫調，鬥智多為理性）才被掩蓋了，對於藝術上沒有獨立分析能力的讀者來說，簡直可以略而不計。（2016：73）

依上而言，《三國演義》劇情設計雷同於《西遊記》、《水滸傳》，或許老套，但在作者羅貫中形塑之下，這些縱橫奇才如何以智能相互搏鬥？這才正是閱讀的審美感受。以下以〈空城計〉為例，分析《三國演義》的審美閱讀。

三　〈空城計〉探索

閱讀《三國》時，曲折懸疑的情節，隨著人物的交錯，讀者總是被劇中人所牽引，情感與之糾結。許榮哲（2016：自序）稱之：「不給讀者答案是一種折磨，給讀者答案卻不告訴他怎麼算出來是另一種折磨……每篇好小說都是這個世界的一個謎。有了謎，就帶來了折磨。」閱讀的過程中，讀者總深陷於作者的精緻的設計當中，除了力求真相外，人性的複雜度也每每令讀者唁嘆不已，但讀者卻又甘於受之折磨，箇中秘密，分析如下：

（一）情節內容

依據《三國演義》一書的情節，書中前半段從劉、關、張桃園三結義，到三顧諸葛亮之茅廬，孔明提出隆中對……書中前半段極力描述諸葛亮的「神機妙算」，所有的戰

事遇到諸葛亮，一定戰無不勝，攻無不克。隨著書中情節的進展，關羽、張飛被害，第八十五回劉玄德遺詔托孤……孔明少了堅強有力的盟友後，即使能「上知天文，下知地理」，依舊是孤身奮鬥被架空的情勢。後七擒七縱孟獲，六出祈山北伐，情節的一波三折，象徵了即使自身努力不懈，但少了盟友的協助，就如同：「孤臣無力可迴天」的局勢，註解了後面的「空」城記，也隱隱預示了諸葛亮的命運。

1 小說他處的空城計

在情節安排上，除了本回因馬謖失街亭而造成孔明無兵，故採用「空城計」外，《三國演義》亦有其他章節也採用相同計謀，分別是：

> 卻說孟獲引數十萬蠻兵，恨怒而來。將近西洱河，孟獲引前部一萬刀牌獠丁，直扣前寨搦戰。孔明頭戴綸巾，身披鶴氅，手執羽扇，乘駟馬車，左右眾將簇擁而出。孔明見孟獲身穿犀皮甲，頭頂朱紅盔，左手挽牌，右手執刀，騎赤毛牛，口中辱罵；手下萬餘洞丁，各舞刀牌，往來衝突。孔明急令退回本寨，四面緊閉，不許出戰。蠻兵皆裸衣赤身，直到寨門前叫罵。諸將大怒，皆來稟孔明曰：「某等情願出寨，決一死戰爭！」孔明不許。諸將再三欲戰。孔明止曰：「蠻方之人，不遵王化，今此一來，狂惡正盛，不可迎也；且宜堅守數日，待其猖狂少懈，吾自有妙計破之。」……次日平明，孟獲引大隊蠻兵逕到蜀寨之時，只見三個大寨，皆無人馬，於內棄下糧草車仗數百餘輛。孟優曰：「諸葛亮棄寨而走，莫非有計否？」孟獲曰：「吾料諸葛亮棄輜重而去，必因國中有緊急之事。若非吳侵，定是魏伐。故虛張燈火以為疑兵，棄車仗而去也。可速追之，不可錯過。」（第八十九回「武鄉侯四番用計，南蠻王五次遭擒」2017:571-572）

此為孔明三放孟獲後，孟獲率領數十萬蠻兵，怒恨而來。他遇到了頭戴綸巾，身披鶴氅，手執羽扇，乘駟馬車，左右眾將簇擁而出的孔明，此時，孔明下令不許應戰，好整以暇等待孟獲軍隊「入甕」。此時，孔明故意擺「空城」誘兵，但實際上有兵，孟獲第四次中計。另一次「空城」為：

> 卻說魏延、姜維引兵到陳倉城下看時，並不見一面旗號，又無打更之人。二人驚疑，不敢攻城。忽聽得一聲砲響，四面旗幟齊豎。只見一人綸巾羽扇，鶴氅道袍，大叫曰：「汝二人來的遲了。」二人視之乃孔明也。二人慌忙下馬，拜伏於地曰：「丞相真神計也！」（第九十八回「追漢軍王雙受誅，襲陳倉武侯取勝」2017:638）

東吳與蜀漢聯盟攻擊曹魏，孔明第三次出兵祈山，蜀軍進攻的第一個重要關口是陳倉。孔明派魏延、姜維兩名將帥，三天內趕到陳倉，如果看到陳倉火起，立刻開始攻城。但兩人從陳倉城下望城上看時，卻是一座「空城」，後孔明自解何以設「空城」之因，化用了「明修棧道，暗度陳倉」的典故。而我們所熟知的〈空城計〉出處為第九十五回：「馬謖拒諫失街亭武侯彈琴退仲達」：

> 孔明登城望之，果然塵土沖天，魏兵分兩路望西城縣殺來。孔明傳令，教將旌旗盡皆藏匿；諸將各守城鋪，如有妄行出入，及高聲言語者，立斬；大開四門，每一門上用二十軍士，扮作百姓，灑掃街道，如魏兵到時，不可擅動，<u>吾自有計</u>。孔明乃披鶴氅，戴綸巾，引二小童攜琴一張，於城上敵樓前，憑欄而坐，焚香操琴。（第九十五回「馬謖拒諫失街亭武侯彈琴退仲達」2017:617-618）

三個「空城」相比，主要目的都是展現諸葛亮智力超群不凡的一面。但第九十五回對於空城的描摹更突顯出細節，也更精彩。作者羅貫中以不同情境的讚賞孔明，分別從南蠻孟獲、司馬懿、諸葛亮手下將領等，不同面向的擺弄「空城」，但將描寫的重心放在與司馬懿的鬥智上，藉由歷史上公認司馬懿為魏軍之名將，其層級、智力、地位為大軍師級，與諸葛亮可以相抗衡，從而更加烘脫出諸葛亮無與倫比的將才。

2 諸葛司馬對峙的空城計

以下概括經典〈空城計〉的情節如下：

馬謖受命防守漢中咽喉街亭。由於驕傲輕敵，妄作主張，以致街亭失守。戰爭的情勢也就起了極大的變化。此時，諸葛亮忙於調兵遣將，重作部署。正在此刻，司馬懿十五萬大軍居然突來襲擊，而他所率領的士兵已先分一半搬運糧草去了，只剩下二千五百名士兵在城中。敵眾我寡，軍情火急，凸顯敵方大軍壓境——我方守城無兵。如果**依照孫紹振所言：此為情節的第一功能——將人物打出常軌**。此時，諸葛亮手上無兵，外在環境的變化將導致諸葛亮因應的巨大翻轉。

孔明傳令，句子短促緊湊，明快有力，顯現其身為將領在緊急應變之下的權威果決卻從容。孔明的「吾自有計」壓抑讀者的疑問，小說家並未披露孔明之計謀，反而描述其披鶴氅，戴綸巾，焚香操琴的悠閒，從而激起讀者企欲了解事情發展結果的期待情緒與好奇心理。外在情勢的危急與孔明因應的悠容，其中造成的巨大的落差，是**小說鑑賞**

解讀──孫紹振所提出的情節第二功能：暴露人物的第二心態，使得情節跌宕起伏，引人入勝。

此時，雙方對峙，大戰一觸即發。孔明成功或失敗，全繫於司馬懿的命令──是前進還是撤退？情勢是如此萬分危急，作者卻用緩筆極力陳述孔明的笑容可掬、焚香操琴，及扮作百姓的軍士神色自若、低頭灑掃，**此為孫紹振所言：情節的第三功能──造成人物之間的情感錯位**。至此，讀者在蜀軍、魏軍兩均對峙之下，所謂「心思被懸於一線」，充分感受體驗。

而「衝突」始終是構成故事的命脈，如同 Lisa Cron 所說：「故事的功能就是要精確表達出我們處理衝突的方式，如果要用一句話來定義衝突，那就是：恐懼欲望期間的交戰。」（2014：155）當司馬懿最後決定撤兵，當讀者正要為此鬆一口氣時，作者又讓司馬昭旁生枝節，猜測孔明的心思。小說於此興起一陣餘波蕩漾，險象又生……孔明如何成功退仲達呢？小說家由孔明自我解釋：「此人料吾平生謹慎，必不弄險。」所以能退敵。閱讀到此，讀者對「吾自有計」所留下的疑問，於「原來如此」的驚嘆聲中渙然冰釋。作者寫孔明知己知彼，運用心理戰術戰勝對方。作者設計的情節環環相扣、精彩生動，形塑高潮，張力十足。

（二）形式手法

故事何以精彩？在三十六計中，比之正史，「空城計」何以獨獨成為閱讀名篇？Thomas C.Foster（2014：98）說：「小說中最真實的人物其實都只是語言的建構，房子也是由我們讀到的字句堆砌而成。既然如此，我們幹嘛為他們的勝利歡呼，為他們的逆境垂淚？因為文字對我們的生命極其重要，這個由文字蓋起來的『房子』有了它特有的生命；因為我們作為一個專注、擅於創造、容易被騙的『讀者』，把創造力運用在上面，賦予這些字句生命。」小說違反真實世界運行的法則，縱使讀者明知道它們都不是真的。因此，動人的故事純屬虛構，虛構的人生永遠比真實的人生精彩。小說家如何蓋「房子」？如何讓讀者細膩地感受，甚至身歷其境？以下由小說家的寫作手法探知。

1 對比懸疑

> 孔明分撥已定，先引五千兵去西城縣搬運糧草。忽然十餘次飛馬報到，說司馬懿引大軍十五萬，望西城蜂擁而來。時孔明身邊並無大將，只有一班文官，所引五千軍，已分一半先運糧草去了，只剩二千五百軍在城中。眾官聽得這個消息，盡皆失色。孔明登城望之，果然塵土沖天，魏兵分兩路望西城縣殺來。

「十餘次」傳送了司馬懿軍隊即將到來的緊急，敵軍之多──「司馬懿引大軍十五

萬」與「二千五百軍」——蜀軍可用數量之少。魏軍「蜂擁」、「塵土沖天」浩浩蕩蕩壓境而來；此時，蜀軍街亭失守，殘兵敗將，無以為敵。作者形塑面對如此驚險情境，戰況一觸即發，孔明該勇敢出戰，還是撤退敗走？

> 孔明傳令，教將旌旗盡皆藏匿；諸將各守城鋪，如有妄行出入，及高聲言語者，
> 立斬；大開四門，每一門上用二十軍士，扮作百姓，灑掃街道，如魏兵到時，不
> 可擅動，吾自有計。

對比「盡皆失色」的眾官，孔明傳令的簡潔自信、不容置喙。「吾自有計」為何計？為讀者懸了一個高高不解的旗幟。

小說家到底如何營造懸疑？依據王穎（2011：71-72）：懸疑的美感來自於懸念的成功營造，讀者因懸念而陷入迷惑，從而得到不同於其他敘事範疇的閱讀的美感。懸疑是作者和讀者之間的智力遊戲，能夠使讀者體會到智性的愉悅美感。……但即使所有的細節都攤放在讀者的面前，他們還是找不到懸念的答案，或者得到錯誤的答案。個中原因，除了作者具有超人的邏輯推理能力之外，還由於**對敘事的資訊發佈的強力控制**。作者會在合適的時機**突出反常資訊**、或者**製造隱含資訊**，甚至**隱瞞特定資訊**，從而使觀眾常常在思考和判斷中不知不覺地中了作者的圈套，進入了作者所設置的迷宮之中。

關於小說家控制敘事資訊的多寡，Robert Mckee 提到：好奇心與關切創造了三種可能的方式來連結觀眾與故事，也就是推理、懸疑、戲劇反諷。「推理」：觀眾知道的比角色少；「懸疑」：觀眾和角色知道同樣的事；「戲劇反諷」：觀眾知道的比角色多（2016：344-349）。以〈空城計〉而言，文本在懸疑的過程中混合了「懸疑和戲劇反諷」。在閱讀過程中，讀者得到的資訊等同「眾官」，一樣不知道孔明葫蘆裡有什麼？諸葛亮心裡盤算什麼？只有作者羅貫中和諸葛亮自己知道，這是一種懸疑的展現；但與司馬懿得到的資訊相比，讀者明顯知道孔明虛張聲勢，實際上並無兵。情節資訊的調度，或多或少，由作者操控以讓敘事更豐富多元。

爾後，作者簡述：

> 孔明乃披鶴氅，戴綸巾，引二小童攜琴一張，於城上敵樓前，憑欄而坐，焚香操
> 琴。

小說家除了做以上的對比外，孔明自身呢？孔明應該緊急商量軍情，處理軍事，但他卻是一如平常的裝扮，悠閒地彈琴與焚香。大敵環伺於前，他不是緊張跳腳，而是氣定神閒如故。讀者在比對兩邊戰況、景象之懸殊後，令人為之冷汗直流。

2 場景轉換

　　《三國演義》採用全知視角,「卻說」、「且說」、「於是」……轉接詞的運用代表小說視角的轉換:

> 卻說 司馬懿前軍哨到城下,見了如此模樣,皆不敢進,急報與司馬懿。懿笑而不信,遂止住三軍,自飛馬遠遠望之,果見孔明坐於城樓之上,笑容可掬,焚香操琴。左有一童子,手捧寶劍;右有一童子,手執塵尾。城門內外有二十餘名百姓,低頭灑掃,旁若無人。

此時視角從孔明轉為司馬懿。就情節的安排,「吾自有計」為故事中描述的最細緻突出的部分。同樣的事件,作者何以刻意轉換視角?轉換視角的用意為何?前文的諸葛亮裝扮,焚香操琴是敘事者交代情節,而後面轉由司馬懿的視角則有兩點應注意:一是司馬懿眼中的諸葛孔明「笑容可掬」,二是印證孔明之前的傳令,由士兵扮演的百姓,在司馬懿看來也是「旁若無人」,顯示孔明作戰計畫的初步達成。當然,計畫是否成功,得再往下看下去。

> 懿看畢大疑,便到中軍,教後軍作前軍,前軍作後軍,望北山路而退。次子司馬昭曰:「莫非諸葛亮無軍,故作此態?父親何便退兵?懿曰:「<u>亮平生謹慎,不曾弄險。今大開城門,必有埋伏。我兵若進,中其計也。汝輩豈知?宜速退。</u>」

明明讀者在司馬懿決定退兵後,緊張的心情已然放鬆,敘事者此時卻又以司馬昭對其父的言論興起另一波瀾。但是敘事者在此以司馬懿簡潔的回答推動了情節,也側面由司馬懿說出「空城計」何以成功的原因。

> 於是 兩路兵盡退去,孔明見魏軍遠去,撫掌而笑。 眾官無不駭然,乃問孔明曰:「司馬懿乃魏之名將,今統十五萬精兵到此,見了丞相,便速退去,何也?」孔明曰:「<u>此人料吾平生謹慎,必不弄險;見如此模樣,疑有伏兵,所以退去。</u>吾非行險,蓋因不得已而用之。此人必引軍投山北小路去也。吾已令興、苞二人在彼等候。」

　　上段與此段畫線處語意大略相同,敘事者刻意由司馬懿口中說出(諸葛亮當然不會知道司馬懿說了什麼),此刻則由諸葛亮口出親自說出,營造了諸葛亮智高於司馬、「料事如神」的形象。

眾皆驚服曰：「丞相玄機，神鬼莫測。若某等之見，必棄城而走矣。」孔明曰：「吾兵止有二千五百，若棄城而走，必不能遠遁。得不為司馬懿所擒乎？」言訖，⟨拍手大笑⟩曰：「吾若為司馬懿，必不便退也。」

　　〈空城計〉此文幾乎不見孔明的情緒反應，敘事者由事件初落幕時，孔明含蓄地的「撫掌而笑」，到解釋說明後自信洋溢的「拍手大笑」，闡述了——孔明並非沒有情緒。由此可以推知：先前司馬懿率軍隊來襲時，孔明外表鎮定，內心可能波濤洶湧。

3 人物塑造

　　一般而言，讀者讀《三國演義》對於諸葛亮的性格總有著：沉著、從容、機智、果決、鎮定、機智……等感受，符合「智絕」的形象。羅貫中對諸葛亮的形塑，前有周瑜，後有司馬懿作為對比；不同的是前半部《三國》的諸葛亮，所有決策均在談笑風生、風淡雲清的情況下解決，後半段則不同：諸葛亮「沒兵」，所以必須冒險，情節總是驚險萬分，雖然最後總能逢凶化吉。如果故事是劉、關、張一直沒有死，荊州也一直保有，故事不會有曲折，情節的變化，形成跌宕——隨著人才的凋零，諸葛亮面臨的是他得獨立撐起蜀漢，在此情況下，更顯出其「高風亮節」，為先帝知遇，鞠躬盡瘁、馳騁奔走的內在性格，亦即孫紹振所說：「諸葛亮以才報知遇之恩」，也因此在《三國演義》的渲染烘托下，諸葛亮的形象總是特別鮮明。

　　因此，小說家塑造人物，並不完全是一路勝利直到終結，當中總會有失敗，而失敗總是其他原因造成。（一定將帥不服從諸葛亮，不聽從其意見）顯示羅貫中於此創作目的在於凸顯孔明的「智絕」。藉司馬懿與孔明，作了極為鮮明的對比——司馬懿兵多卻疑懼，孔明兵少卻從容；兩軍對峙時，司馬懿按理應平靜，卻緊張，孔明情理上應緊張，卻極悠閒。兩者極大了落差與性格比較上的「錯位」，從而營造讀者審美閱讀的樂趣。

　　司馬懿性格是「多疑」還是「慎重」？諸葛亮呢？是「膽大」還是「謹慎」？人性當然無法一分為二，而小說的精彩，就在於知曉故事角色如何面對抉擇，以及他為什麼會選了這樣的選擇。

四　結語

　　以上由孫紹振文學解讀的「錯位」方式，並從小說家懸疑的設計，從情節內容的安排，到形式手法的展現，分別分析〈空城計〉，何以經典，何以吸引讀者閱讀。在分析〈空城計〉的過程中，發現小說家無論是在情節、性格的設計上，都用極端的拉力將張力繃到最緊，彷彿一彈，繩子將應聲而斷。除此之外，小說家在設計環節上，為了讓讀者身歷情境，有參與故事之感，所以調動了讀者情感——我們跟著書中人物經歷他的經

歷，快樂他的快樂，感嘆他的感嘆。例如：當敘事主角是諸葛亮時，我們不但瞭解諸葛亮外在，甚至進入到了其內心思緒，參與他的謀略，共同經歷了他的試煉，情感上與之同悲，與之共苦。而當敘事觀點不同時，如主角換為司馬懿，我們的情感也轉換了陣營，如電視劇《大軍師司馬懿之軍師聯盟》的播出，對於司馬懿，再也無法像讀三國時，對其的厭惡謾罵。

　　讀小說就是讀人生，小說家如何建構情境，讓讀者身陷其中，從而同理心了書中人物，也理解了小說的主題意義。其描述人與人之間的糾葛紛擾，每每令讀者喟嘆糾結，但讀者卻又甘於受折磨，讀者從閱讀小說中獲得了什麼？

　　時空往前，〈空城計〉諸葛亮當時的虛張聲勢雖贏了，但其為蜀漢付盡所有心力，最後病歿祈山；當時爭霸的魏、蜀、吳各自燦爛輝煌，而今安在？早已飛灰淹沒，煙消雲散。此時，與讀者相合印證的是：

> 滾滾長江東逝水，浪花淘盡英雄。是非成敗轉頭空，青山依舊在，幾度夕陽紅。
> 白髮漁樵江渚上，觀看秋月春風。一壺濁酒喜相逢，古今多少事，都付笑談中。
> （明楊慎〈臨江仙〉）

參考書目

羅貫中　《三國演義（上、下）》　臺北市　五南圖書出版公司　2017年

王　穎　〈懸念的技巧與懸疑的美感〉　《山東文學》　2011年第11期　頁70-72

申　丹、王麗雅　《西方敘事學：經典與後經典》　北京市　北京大學　2010年

申　丹　《敘事學與小說文體學研究》　第3版　北京市北京大學2004年

朱豔平　〈《三國演義》「空城計」探析〉　《文教資料》　2007年4月號中旬刊　頁57-58

吳懷仁　〈論小說寫作中懸念的形成機制〉　《寫作》　2009年第13期　頁23-25

孫紹振　《演說經典之美》　福州市　福建教育出版社　2009年

孫紹振　《如何讀名作　小說篇》　香港　商務印書館　2010年

孫紹振　《文學文本解讀學》　北京市　北京大學出版社　2015年

孫紹振　《經典小說解讀》　上海市　上海教育出版社　2016a 年

孫紹振　《經典文本的深層結構　中學語文名篇解讀》　上海市　上海三聯書店　2016b 年

張振昌　〈空城計新論　兼論羅貫中的「隱語」創作方法〉　《長春大學學報》　2002年第12卷第1期2月　頁65-69

張錦池　〈從「失街亭」、「空城計」、「斬馬謖」解讀諸葛亮藝術形象〉　《中國文學與文化‧社會科學輯刊》　2001年第4期　總第135期　頁140-145

許榮哲　《小說課折磨讀者的秘密》　臺北市　國語日報社　2016年

魯博林　〈淺談《三國演義》「空城計」中的諸葛司馬形象〉　《文學界》　2010年下旬　頁62-63

譚君強　《敘事學導論　從經典敘事到後經典敘事學》　第2版北京市高等教育　2014年

Lisa Cron 著　陳榮彬譯　《大小說家如何唬了你？》　初版5刷，臺北市　大寫出版社　2014年

Robert Mckee 著　戴若茱等譯　《故事的解剖》　初版20刷　臺北市　漫遊者文化事業公司　2016年

Thomas C.Foster 著　潘美岑譯　《美國文學院最受歡迎的23堂小說課》　臺北市　采實文化事業公司　2014年

參與臺北市健身中心消費者購買
健康食品意願之研究

許智超[*]

摘　要

　　本研究的目的：探討參與臺北市健身中心消費者背景與健康食品購買意願之差異情形。本研究調查以臺北市公私立健身中心的顧客為研究對象，回收有效樣本為332份，調查問卷經統計分析與討論本研究有以下發現：

　　一、參與臺北市公私立健身中心消費者背景變項之調查顯示：女多於男，以41-50歲最多占37.7%，最少為30歲以下占14.1%。消費者學歷是碩士者占10.5%、大專學歷占47.6%、高中以下學歷占41.9%。平均月所得50001-60000元者占29.5%，其次60001元以上者占27.4%。在「購買健康食品的頻率」方面：調查顯示消費者經常購買者最多占85.9%，其次為首次購買占9.6%，從未購買過健康食品的消費者最少占4.5%。「購買給誰使用」方面：消費者自己使用者占43.4%。

　　二、「臺北市公私立健身中心消費者背景」與健康食品「購買意願」有顯著差異，經實證結果發現目前臺北市公私立健身中心消費者對健康食品購買意願的滿意度與忠誠度具有相當程度的信賴。

關鍵詞：健康食品、購買意願

---

*　許智超：中州科技大學運動與健康促進系助理教授。

一 緒論

（一）研究動機

隨著消費者健康意識之提升以及健康促進的概念逐漸興起，並隨著人口結構日趨高齡化，各類機能性食品、營養及膳食補充食品的商機受到高度的重視。面對飲食習慣的改變以及日常生活的沉重壓力下，或者長時間充斥著高熱量、高油脂、低纖維的食品，無形中增加了許多慢性疾病的發生（楊智雅，2005）。人們也意識到健康的重要性，除了在飲食上的控制之外，也體認到健康食品的重要性，近年來消費者購買健康食品的趨勢快速成長，其主要目的是改善身體機能、治療成年人疾病、飲食美容、滋補強身、增強體質等，因此健康食品成為現代生活中的熱門商品，健康食品市場需求也正在快速成長（王年正，2004）。

今日隨著社會大眾健康意識的提升及高齡化社會的到來，又基於保健與健康的需求下，許多食品產業與生物科技業結合下，紛紛轉型進入此新興產業，並針對大眾需求來研發各式各樣的健康食品（楊光盛，2009）。由於消費者傾向於服用快速與方便的健康食品來滿足需求，產品只要冠上美容養顏、改善體質、延緩老化、減重等用途，似乎就能吸引消費者目光促使購買慾望的產生，使得健康食品市場創造龐大的商機（董榮政，2005）。因此，健康食品種類繁多，在品質不齊的情況下，市面上又隨處看的到誇大產品效果的廣告宣傳，使得消費者對健康食品的適用對象、產品的真偽、產品的功能、效果及合理的價格都存在著判別上的困難，不僅如此，如果買到品質不佳的健康食品，不但無法帶來健康，反而會對人體健康造成傷害。所以當消費者對健康資訊及產品的特性不了解，購買健康食品時，將會面臨更大的不確定性及高程度的風險。消費者如何確保自己服用健康食品後，真能如願地達到所期望的預防及保健效果。因此，消費者對健康食品購買意願為本研究動機之一。

總結以上，健康食品管理法從1999年實施以來，已超過十個年頭，究竟民眾對於健康食品法與政府相關法規管理的認知了解程度為何？健身中心消費者對健康食品消費態度與購買意願為何？故本研究對象以臺北市健身中心消費者，對其健康食品購買意願作研究。

（二）研究目的

（一）瞭解臺北市參與健身中心消費者背景變項人口統計特性。
（二）瞭解臺北市參與健身中心消費者背景變項與健康食品購買意願之差異情形。

（三）研究問題

（一）臺北市參與健身中心消費者背景變項人口統計特性為何？
（二）不同健身中心消費者背景變項與健康食品購買意願之差異情形為何？

（四）名詞解釋

1 健康食品（Health Food）

健康食品是指具有保健功效的食品，範圍包括經衛生署認證的健康食品、機能性食品、膳食補充食品、特殊營養食品等（羅正仁，2008）。健康食品雖被列為一般性食品，但與一般食品不同的是，它含有某些對於人體健康或疾病預防具有效果的成份，但其效果需有其科學研究報告甚至有醫學臨床依據的。健康食品對人體生理雖然有些影響，但是一般來講這種影響是緩和的，較少呈現副作用，它不像「藥品」生病吃療效見效，病好了就要盡快停藥（林瑩禎，1998）。我國政府規定食品包裝上不得標示療效，除非是經衛生署認證的健康食品才能在標示及宣傳上出現特殊營養素或保健功效，但這不是說只有衛生署認可的才是健康食品，此認證只是提供了民眾一個選擇依據。

本研究健康食品操作性定義，是指健康食品具有保健功效，並標示或廣告其具該功效之食品，且具有實質科學證據之功效，非屬治療、矯正人類疾病之醫療效能。

2 購買意願（Purchase Intention）

意願（intention）是個人從事特定行為的主觀機率（Fishbein & Ajzen, 1975）所以購買意願是指消費者企圖購買產品的可能性，為預測未來實際行為的重要變數（Dodds et al., 1991）。本研究消費者購買意願之操作型定義，是指消費者態度將影響其對產品、商標的判斷與評價。其次，態度影響消費者學習的興趣與學習效果。最後，態度透過影響消費者購買意願，進而影響購買行為。

本研究購買意願之操作型定義，是指消費者購買意願可由對產品的知覺品牌、知覺價格、知覺品質等三方面突顯現購買的意圖。

二 研究方法

（一）研究對象

本研究以臺北市公私立健身中心消費者作為研究母群體。依據相關文獻並鑑於本研

究之需求採用問卷調查法來蒐集資料，為達本研究之目的，首先抽樣150人針對問卷進行預試，經預試鑑別度分析、信度與效度考驗，刪除不適用之題目及變更題號完成正式問卷。正式問卷共發放並回收問卷經剔除無效者，實得有效問卷332份，有效問卷回收率為96%。

（二）研究工具

本研究工具「健身中心消費者對健康食品購買意願之調查問卷」，採用相關分析法及內部一致性效標法進行項目分析。就相關分析法一般選題標準來看，各題與總分的相關係數必須達 .30以上，且達顯著水準方可採用，若「相關係數」小於 .30時，即表示該題無法區分受試者反應的程度，該題可以考慮刪除（邱皓政，2006）；而內部一致性效標法則將所有受試者填達之得分總和，依照高低順序排列，將得分較高之27%列為高分組，得分較低之27%列為低分組，再以高分組受試者在某一項目得分之平均值減去低分組受試者該項目得分之平均值，其差即為該題的鑑別力；最後再根據鑑別力之數值求出各題的決斷值（Critical Ratio，簡稱 CR）。王保進（2006）指出決斷值乃為求高低分組在題目上平均數的差異顯著性，值越高代表鑑別度越好；通常 CR 值大於3.5者且達顯著水準時，即表示該題能鑑別出不同受試者的反應狀態，此即為選題的依據標準，反之則應予以刪除。

（三）資料分析與處理

本研究以 SPSS12.0中文版進行分析，資料處理採取描述統計、獨立樣本 t 檢定、one-way ANOVA 分析，如達顯著差異即利用 LSD 法進行事後比較。

三 結果與討論

（一）臺北市參與健身中心消費者背景變項之分析

本研究回收有效問卷共計332份，經資料分析並整理後，依樣本特徵與購買傾向，探討其樣本結構。從表一了解臺北市參與健身中心消費者背景變項之調查顯示：

在「性別方面」：女多於男，女性人數占59.6%，男性人數占總樣本的40.4%。符合我國「健康食品產業市場調查」結果，認為男女生對於健康食品的需求不同，從消費者結構上整體健康食品的接受度與需求度明顯以女性為主，達六成以上。

在「年齡」的分布方面：以41-50歲最多占37.7%，其次為31-40歲占28%，51歲以

上的占20.2%，最少為30歲以下占14.1%。符合我國「健康食品產業市場調查」結果，認為整體健康食品以高齡族群為最大宗，50歲以上者達三成左右，亦顯示飲品類產品之消費者較集中於中年齡層。

在「教育程度」方面調查顯示：消費者學歷是碩士者占10.5%、大專學歷占47.6%、高中以下學歷占41.9%，顯示現職消費者多數都具備大專學歷，也屬於社會族群中高知識分子，至於高中學歷通常屬於較年長的消費者，對於健康食品認知可能也比較清楚。

在「平均月所得」方面：平均月所得50001-60000元者占29.5%，其次60001元以上者占27.4%、40001-50000元者占22.3%，最少為20001-30000元者占3.6%，由數據了解：多數消費者具備碩士學歷，再加上普遍年齡在40歲左右，因此消費者的年資增長其每月薪資也都能穩定在5萬至6萬元左右，因此消費者購買健康食品的機率很高。

在「購買健康食品的頻率」方面：調查顯示消費者經常購買者最多占85.9%，其次為首次購買占9.6%，從未購買過健康食品的消費者最少占4.5%。研究顯示消費者對於健康食品、營養補充品或機能性食品等維持健康之相關產品的需求大為提升。

在「購買給誰使用」方面：消費者自己使用者占43.4%；消費者購買給家人使用（孩子或夫妻）者占39.4%；消費者購買給長輩（含父母親）使用者占17.2%。符合我國「健康食品產業市場調查」結果，顯示臺灣消費者購買健康食品的對象多元化，從年輕族群至高齡族群皆有使用健康食品的趨勢，因為人們意識到均衡飲食、營養補充與健康維持的重要性。

表一　樣本統計分析

項目	類別	人數	百分比%
性別	男	134	40.4
	女	198	59.6
年齡	30歲以下	47	14.1
	31-40歲	93	28.0
	41-50歲	125	37.7
	51歲以上	67	20.2
教育程度	高中以下	139	41.9
	大專	158	47.6
	碩士	35	10.5
平均月所得	$20001-30000元	12	3.6
	$30001-40000元	57	17.2

項目	類別	人數	百分比%
	$40001-50000元	74	22.3
	$50001-60000元	98	29.5
	$60001元以上	91	27.4
購買頻率	從未購買	15	4.5
	首次購買	32	9.6
	經常購買	285	85.9
購買給誰使用	自己	144	43.4
	家人	131	39.4
	長輩（含父母親）	57	17.2

（資料來源：本研究整理）

（二）消費者背景變項對於健康食品購買意願之差異性考驗

　　本段旨在探討臺北市公私立健身中心消費者不同背景變項對健康食品購買意願之差異情形，並將所得之結果進行分析與討論。本研究消費者背景變項包括：性別、年齡、教育程度、平均月所得、購買頻率、購買使用對象等六項對於購買意願情形。

1 性別

　　由表二得知，不同性別對健康食品購買意願因素，達顯著差異。購買意願（t=3.09*），消費者對於健康食品購買意願反應傾向，女性高於男性。亦發現女性消費者比起男性消費者對健康食品在認購買意願反應更佳。由國內購買健康食品市場分析得知，整體健康食品的接受度與需求度明顯以女性為主，達六成以上。

　　發現女性消費者與男性消費者「購買意願」具有顯著差異，顯示女性比起男性對於健康食品的滿意度與忠誠度更佳，購買意願也更好。

表二　不同性別對健康食品購買意願之 t 檢定摘要表

因素別	女 N＝198		男 N＝134		t
	M	SD	M	SD	
購買意願	4.07	.60	3.86	.64	3.09*

*$p<.05$

2 年齡

由表三得知，消費者不同年齡階段對健康食品購買意願達顯著差異（$F=4.08^*$）。消費者對於健康食品購買意願反應傾向，在不同年齡階段具有顯著差異。亦發現41歲至50歲的消費者對於健康食品購買意願最佳。

發現不同年齡階段消費者「購買意願」皆一致表示「同意」選項，其中以31歲以上所有的消費者對於健康食品的滿意度與忠誠度，優於30歲以下的消費者，較具有購買意願。

表三　不同年齡對健康食品購買意願之單因子變異數分析摘要表

因素別	30歲以下 N＝47		31-40歲 N＝93		41-50歲 N＝125		51歲以上 N＝67		F	LSD
	M	SD	M	SD	M	SD	M	SD		
購買意願	3.61	.57	3.91	.69	3.95	.67	3.93	.85	3.08^*	2、3、4＞1

$^*p<.05$

3 教育程度

由表四得知，消費者不同教育程度對健康食品購買意願達顯著差異（$F=4.35^*$）。在不同教育程度方面具有顯著差異。消費者在健康食品問卷填答結果趨向「同意」選項。亦發現碩士學歷的消費者對於健康食品購買意願最佳。

發現不同教育程度的消費者「購買意願」一致表示「同意」選項，其中大專與碩士學歷的消費者對於健康食品具有高度的滿意度與忠誠度，而且購買意願優於博士學歷的消費者。

表四　不同教育程度對健康食品購買意願之單因子變異數分析摘要表

因素別	大專 N＝61		碩士 N＝267		博士 N＝4		F	LSD
	M	SD	M	SD	M	SD		
購買意願	4.08	.73	4.11	.74	3.78	.75	4.35^*	3、2、1

$^*p<.05$

4 平均月所得

由表五得知，不同平均月所得對健康食品購買意願因素達顯著差異（F=3.38*）。消費者對於健康食品反購買意願應傾向，在不同平均月所得方面具有顯著差異。消費者在健康食品購買意願問卷填答結果趨向「同意」選項。亦發現平均月所得高於四萬元以上的消費者對於健康食品購買意願越佳，其中以平均月所得五萬元至六萬元者族群在購買意願填答結果，皆高於其他平均月所得的消費者。

發現不同平均月所得的消費者「購買意願」一致表示「同意」選項，其中以平均月所得五萬元以上的消費者對於健康食品的滿意度與忠誠度，優於每月收入五萬元以下的消費者。

表五　不同平均月所得對健康食品購買意願之單因子變異數分析摘要表

因素別	20001-30000元 N=12		30001-40000元 N=57		40001-50000元 N=74		50001-60000元 N=98		60001元 以上 N=91		F	LSD
	M	SD	M	SD	M	SD	M	SD	M	SD		
購買 意願	3.56	.55	3.68	.61	3.86	.22	3.97	.16	3.96	.34	3.38*	4、5 ＞3＞ 2＞1

*p＜.05

5 購買頻率

由表六得知，消費者不同購買頻率對健康食品購買意願因素（F=2.77*）達顯著差異。消費者對於健康食品購買意願反應傾向，在不同購買頻率方面具有顯著差異。消費者在健康食品購買意願問卷填答結果趨向「同意」選項。亦發現經常購買的消費者對於健康食品購買意願最佳。

發現不同購買頻率的消費者「購買意願」一致表示「同意」選項，其中以經常購買的消費者對於健康食品具有高度的滿意度與忠誠度，而且購買意願優於首次和從未購買的消費者。

表六　不同購買頻率對健康食品購買意願之單因子變異數分析摘要表

因素別	從未購買 N＝15		首次購買 N＝32		經常購買 N＝285		F	LSD
	M	SD	M	SD	M	SD		
購買意願	3.66	.72	3.71	.81	3.88	.72	2.77*	3＞2＞1

*p＜.05

6 購買給誰使用

　　由表七得知，消費者購買健康食品給誰使用之背景因素，購買意願（F=3.24*）達顯著差異。消費者在健康食品購買意願問卷填答結果趨向「同意」選項。亦發現多數消費者購買健康食品是因為自己的需求，其次，購買給自己孩子和夫妻使用，另外，購買給父母親或長輩使用也很多。

　　發現消費者購買給不同使用者，其「購買意願」填答結果皆一致表示「同意」選項，其中以購買給自己使用的消費者對於健康食品具有高度的滿意度與忠誠度。

表七　購買給不同使用者對健康食品購買意願之單因子變異數分析摘要表

因素別	自己 N＝144		家人 N＝131		長輩 N＝57		F	LSD
	M	SD	M	SD	M	SD		
購買意願	3.93	.74	3.83	.68	3.82	.78	3.24*	1＞2、3

*p＜.05

四　結論與建議

（一）結論

　　本研究結果發現「臺北市健身中心消費者背景」與健康食品「購買意願」有顯著差異，經實證結果發現目前臺北市公私立健身中心消費者對健康食品購買意願的滿意度與忠誠度具有相當程度的信賴。消費者受到個人健康與體能狀況需求和促銷活動，增加對於健康食品之購買慾望。由於社會環境的影響，大部分現今消費者退休年齡多數在50至55歲之間，許多消費者為維持良好的體能狀況和擁有強健的身心，對於健康食品的使用率也很普遍，因此對於健康食品的「購買意願」很高，並且他們都會尋找可靠有信譽的

廠商購買；另外，許多消費者身為父母的角色也會購買健康食品給家人或父母親作為身體保健之用途。假若，多數消費者向首次購買的廠商保有高度的滿意，其實他們都會再次購買的意願，他們對廠商會保有良好的忠誠度。

（二）建議

本研究僅以臺北市健身中心消費者對於健康食品購買意願之差異做坦討，部分題項內容皆較傾向於臺北市都會區消費者的觀點去思考，較忽略其他地區消費者的背景去思考，甚至較難推演至其他不同類型的消費者，故本研究建議後續研究者可針對不同地區或不同年齡層次的消費族群進行研究。

參考文獻

王保進　《中文視窗版 SPSS 與行為科學研究》　臺北市　心理出版社　2006年

王年正　《台灣都會區保健食品消費者購買決策之研究》　臺中健康暨管理學院經營管理研究所論文　2004年

邱皓政　《量化研究與統計分析》　臺北市　五南圖書出版公司　2006年

林瑩禎　〈保健食品現況分析〉　《中華食品工業》　第31期　1998年　頁106-109

楊智雅　《保健食品食用之媒體影響與風險認知研究》　臺北醫學大學公共衛生研究所碩士論文　2005年

楊光盛　《消費者購買保健食品整合行為意向模式之研究》　高苑科技大學經營管理研究所碩士論文　2009年

董榮政　《生技保健食品之消費行為分析-以屏東縣藥局為例》　屏東科技大學農企業管理系碩士論文　2004年

羅正仁　〈綜論臺灣保健食品產業發展現況與方向〉　《食品工業月刊》　第40卷第10期　2008年　頁1-7

Dodds, W. B., Monroe, K. B., & Grewal, D. (1991). Effects of price, brand and store information on buyers' product evaluations. *Journal of Marketing Research*, *28*(1), 307-318.

Fishbein, M., & Ajzen, I. (1975). *Belief, attitude, intention, and behavior: an introduction to theory and research*. Reading, MA: Addison-Wesley.

探究式教學法融入經典閱讀教學的運用

—— 以《論語》教學為例

謝淑熙[*]

摘　要

　　本研究的主題旨在探討探究式教學法（Inquiry Instructional Strategy）融入經典閱讀教學，對學生學習成效之影響。研究設計透過「閱讀與寫作」（Reading and Writing）課程教學來進行，教學的目的是引導學生閱讀《論語》，並學會搜尋網路資訊、分析整理、及小組的辯論修正中，提升學生對閱讀主題的了解，並且吸取書中的精華加以融會貫通，以增進批判性思考（critical thinking）的能力，進而表達在寫作及應對進退上。而教學的進行係強調個人閱讀心得寫作與小組研究報告分享，並能進行見解的溝通和交流。學生經由網路資源進行探究活動的學習過程，並逐步建構屬於自己思維的概念體系。研究方法採用情境簡介、學習任務、探索過程、網站資源、評量、結論等質性資料，以其能深入理解學生閱讀的能力；教學材料選自《論語》，自編「閱讀學習單」、「學習心得單」、「問題討論」、「延伸思考」等，以發揮教師對閱讀教學的指引作用，而設計出更理想的教學內容，進而培養學生良好的學習態度，並反思運用探究式教學法以落實經典閱讀教學是否有成效。預期成果：1. 建立良好的師生互動關係，以提升學生良好的學習態度；2. 使學生透過資訊融入教學活動，以增進學生自主學習與發揮創意思考的原動力。3. 使學生透過經典閱讀教學，以提升研讀古籍的興趣，並且從潛移默化中，樹立正確的人生觀及優美的情操。

關鍵詞：探究教學法、經典閱讀教學、人文素養、《論語》、孔子

---

* 謝淑熙：文學博士，國立臺灣海洋大學共同教育中心兼任助理教授、中華文化教育學會秘書長。

一 前言

在知識經濟蓬勃發展的時代中，知識已成為運籌帷幄決勝千里的關鍵。多元化的教育思潮，不斷衝擊著臺灣的未來，因此終身學習已成為前瞻未來的指標。

根據美國教育家豪爾‧迦納博士（Dr. Howard Gardner）在1983年出版了「智力架構」（Frames of mind）一書，提出多元智慧論，認為人類具有語言智能（linguistic intelligence）、視覺空間智能（spatial intelligence）、邏輯數學智能（logicalmathematical intelligence）、肢體動覺智能（bodilykinesthetic intelligence）、音樂智能（musical intelligence）、內省智能（intrapersonal intelligence）、人際智能（interpersonal intelligence）、自然觀察者智能（naturalist intelligence）等八項智能。（李平譯，1999；郭俊賢，陳淑惠譯，2000；鄭博真，2000）我們樂見多元智能教育制度的開啟，在教學活動中注入新意，引導學生適應「瞬息萬變的社會」為學習的主軸，跨學科的整合，開啟學生全方位的能力；智能教育與文化陶冶相輔相成，提供學生適性發展的學習環境。

世界管理大師彼得、杜拉克（Peter Drucker）曾經指出：「人類的歷史上，再也沒有比此時更重視知識的價值了。」的確，在科技文明日新月異的時代裡，要提昇國民的素質，就要落實終身學習的教育目標，全面推展學習型組織，培養能夠終身學習的國民，並積極推動全民閱讀運動，以提昇知識競爭力。面對多元文化社會的變遷，我們必需提供多樣化的教材，引領學生懂得明辨是非、思考問題，有能力活用知識來解決問題。本研究的主題旨在探討探究式教學法（Inquiry Instructional Strategy）融入經典閱讀教學，對學生學習成效之影響。教學的目的是引導學生閱讀《論語》，並學會搜尋網路資訊、分析整理、及小組的辯論修正中，提升學生對閱讀主題的了解，並且吸取書中的精華加以融會貫通，以增進批判性思考（critical thinking）的能力，進而表達在寫作及應對進退上。

二 文獻探討

探究式教學（Inquiry Teaching）在學校科學課程中具有一定份量的角色，其時間不超過一百年 （Bybee & DeBoer, 1993），在1900年之前，大多數的教育學者將科學視為是知識的組體，學生經由直接的教學來學習這些知識。對此種觀點的批判起於1909年，當時 John Dewey 在給美國科學促進學會（American Association for the Advancement of Science, AAAS）的一封信中指出科學教學太過於強調訊息的累積，卻對科學即是思考的路徑及心智的態度這方面的教育欠缺。Dewey（1910）認為，學生學習科學不只是學習知識而已，同時也應學習過程或方法。（洪振方，2003）在西元十九世紀之前，大多數的教育學者將科學視為知識體系，並將科學直接灌輸給學生。直到西元十九世紀初杜

威（John Dewey, 1859-1952）認為科學不應只是灌輸給學生大量的知識，卻忽略了學生思考的方法與態度，所以教育工作者，應加強學生問題解決的過程與方法之學習（謝州恩、吳心楷，2005），亦即學生在學習上應扮演主動的探究者的角色，而非被動的接受者。

探究式學習是1995年聖地牙哥州立大學的 Bernie Dodge 和 Tom March 教授所提出的一項新興教學技術，其核心概念即：整合學習策略與應用網路資源，規劃出探究導向（inquiry-oriented activity）的教學活動。教師可由教學目標出發，有目的地規劃一系列的問題與任務，並透過事先整理好的相關資源網站，幫助學生在資料搜尋、整合、分析、評鑑等解決問題的過程中學習成長。探究式學習可避免學習者在多元的全球資訊網中，盲目瀏覽和接觸不適宜資源，同時又能激發學習者的主動性、探究精神和創意思考的能力。

探究式教學（WebQuest），又稱為研究性學習、專題研習或疑難為本學習，是一種以學生為主的學習模式。在教師的輔助下，由學生策劃、執行及自我評估的學習方法（梁淑貞、陳秀騰，2001）。它是一種跨學科的學習技巧，學生透過研習一個特定的專題的同時，運用現有的知識和技巧來重新綜合，並透過進行一些特定的活動，使學生能自主地建構知識，繼而學會這個新的題目，而達到學習的目的，並培養學生的自主學習精神，簡單來說就是一種以學生自主探究為主的學習方式。

三　經典閱讀教學的重要

透過經典閱讀教學，可以引領學生開啟古典文學的堂奧，在古聖賢哲的智慧結晶與經典話語中，開拓學生的新視野，陶冶其閱讀品味，培養學生終身學習的能力。英國牛津大學副校長黎芬司東（Livingstoned）在他所著《一個動盪世界的教育》一文中說：「教育應以養成德操為第一要務；而德操的養成在使學子多看人生中偉大的事情，多識人性中上上品的東西。人生和人性的上上品，見於歷史和文學中的很多，只要人們知道去找」。所以在教材方面，應多引用對社會人心有助益之人物傳記為典範，且以實際生活作直接的編譯，切忌陳腐教材，免得學生有隔靴搔癢且陳義過高的感覺。透過傳記文學優美生動的妙筆，將偉人的人格狀貌、行誼、功業、人生理想等項，一一呈現讀者眼前，使學生由認知層次，提升為篤實踐履。

儒家思想是中華文化的主流，自孔子、孟子建立了完整體系以後，迄今已歷兩千餘年，在世界文化史上，一直居於極重要的地位。我們可以從《論語》、《孟子》、《大學》、《中庸》四書中，瞭解到儒家學說不僅具有完整的理論體系，而且提示了切實可行的為人治事的原則。孔子的教學理念中，最重視個人品德性情的修養，以及倫理道德的實踐。在個人品德性情之修養方面，孔子稱述最多的是「仁」，茲略舉《論語》中所述

為例：

> 孔子說：「富與貴，是人之所欲也，不以其道得之，不處也；貧與賤，是人之所
> 惡也，不以其道得之，不去也。君子去仁，惡乎成名？君子無終身之間違仁，造
> 次必於是！顛沛必於是！」（〈里仁篇〉）
> 又說：「志於道、據於德、依於仁、游於藝。」（〈述而篇〉）
> 顏淵問仁，孔子回答說：「克己復禮為仁。」（〈顏淵篇〉）
> 孔子告訴子貢說：「夫仁者己欲立而立人，己欲達而達人。」（〈雍也篇〉）

由以上所引述孔子的言論，可以知道「仁」是孔子的中心思想，涵蘊了立身處世的各種美德。而所謂的「克己」、「己立」是指自我品德的完成，正是「忠」的表現；「復禮」、「立人」乃是社會群體和諧的表現，也是「恕」道的發揚。可見仁是一個人圓滿人格的表現，而人格必須在人群之中才能彰顯出來。一個能愛人的人，一定能夠在群體中樹立良好的人際關係。孟子也說：「親親而仁民，仁民而愛物。」（《孟子‧盡心上》）這是儒家倫理道德最偉大的思想，乃是把小我擴充到與天地萬物為一的境界，把仁愛的精神由父母之愛，推廣到全人類及普天下的萬物上。我們中國歷代聖王之所以能夠「濟弱扶傾，興滅繼絕」的種種懿行，都是由恕道而來。這正是中華文化精神的所在，也是中華民族所以悠久綿延的根基。

因此，教導學生研讀《論語》、《孟子》，不僅要熟讀而且要身體力行孔、孟學說的真諦，是在尊重他人的前提之下，來關心別人，並且要設身處地為別人著想，如此一來人世間的紛擾可以銳減，正說明了儒家思想，不僅可以提升學生的人文素養，更可以作為修齊治平的準繩。

四　探究式教學法在經典閱讀教學上的運用

探究式教學法（Inquiry Instructional Strategy）強調要以學生為主體，給予他們充分發表、討論與操作的機會，使其透過類似科學家做研究的經驗，體會與學習到科學知識、科學態度與科學技能（周文忠、楊建民，2010）。探究式教學法是一套以學生為中心之「網路融入教學」活動設計。它主要的目的是老師提供一些與教學主題相關的活動任務，學生必須用網路資源進行探究式學習活動，以完成任務。

本研究是透過「閱讀與寫作」（Reading and Writing）課程教學來進行，其選課學生為大一學生，課程的教學目的是引導學生透過深入的閱讀與分析，培養批判性思考（critical thinking）的能力，能從學習中培養學生的人文素養及提升學生寫作能力。因此，課程內容主要是以古典文學與現代文學為本，選擇知名人物的經典著作為閱讀文

本。而教學的進行係強調個人閱讀心得寫作與小組研究報告分享，以達到學生對該經典的閱讀能夠充分和周延。經由老師的引導，學會如何搜尋網路資訊、分析整理、並能進行見解的溝通和交流，以提升對主題的了解及思考能力。依據 Bernie Dodge 與 Tom March 兩位教授所提出探究式教學法教學進行的六個主要要素：

1 情境簡介（Introduction）：

教師可以利用簡報式（Powerpoint）教學法與網路互動式的教學法，提供豐富多元與教材主題相關的一些背景材料，喚起學生原有知識經驗，為新的學習作好準備的教學設計。

2 學習任務（Task）

發揮群組合作學習及知識共享的任務，可以增進學生運用知識及啟發獨立思考的能力，人人能夠與同儕相處學習，互助合作，進而使知識的獲取、累積、加值、創新與運用能夠有效的發揮。

3 探索過程（Process）

教師對學生探索學習過程的的排與指引，每一步驟都有清晰的指導說明，並且要尊重學生的個別差異，鼓勵學生建立自信心。

4 網站資源（Resources）

教師可以利用網站資源，透過教學平臺的聯結、線上討論的應用、相關資訊的搜尋等架構（邱子修，2009），以引導學生有效的學習，除增加師生的互動外，亦可使同學間，經由網路可以即時溝通，在知識的傳遞及交流上更為快速有效（徐新逸、林燕珍，2004）。

5 評量（Evaluation）

教學應兼顧認知、技能與情意的學習（劉美芳，2004），教師應從多元的評量方式，來評價探究學習效果與學生解決問題的能力，以提升學生的學習興趣。

6 結論（Conclusion）

教師提示學生完成這次探究學習已經學到了什麼？並鼓勵他們發表這次探究的經驗如何擴展到其他領域、發現什麼新問題？以及有何感想等，提供學生延伸學習的機會。

依據 Bernie Dodge 與 Tom March 兩位教授所提出探究式教學法教學進行的六個主

要要素：情境簡介（Introduction）、學習任務（Task）、探索過程（Process）、網站資源（Resources）、評量（Evaluation）、結論（Conclusion），表列如下：

表一　探究式教學法各階段教學活動內容

	教師	學生	
情境介紹	【引起興趣】 選用與孔子有關的電影片段與史實： 齊魯會盟 子見南子 子路問津 顏回之死 子路之死 https://www.youtube.com/results?search_query	【對所教的課題感興趣】 學生從欣賞介紹孔子的電影片段與史實中，以激發學習的動機與興趣。	
學習任務	【提出探討問題，引導學生探究】 1. 《論語》一書的簡介 2. 與智者的心靈對話 3. 認識孔子的為人風範 4. 孔子人文教育思想之特質 5. 論孔門弟子的思想學說與道德修養	【在教材範圍內自由思考】	
探索過程	【提供正式定義與解釋】 結構：依論學篇、道德篇、修身篇、教育篇等重要的成語故事，做為了解孔子之入門 1. 學無常師 衛公孫朝問於子貢曰：「仲尼焉學？」 子貢曰：「文武之道，未墜於地，在人。 賢者識其大者，不賢者識其小者， 莫不有文武之道焉。 夫子焉不學？而亦何常師之有？」 　　《論語·子張》 2. 忠恕之道 子曰：「參乎！吾道一以貫之。」 曾子曰：「唯。」子出，門人問曰：「何謂也？」 曾子曰：「夫子之道。忠恕而已矣。」 　　《論語·里仁》 3. 克己復禮 顏淵問「仁」。子曰：「克己復禮，為仁。一日克	【聆聽並設法了解老師的解釋】 1. 分組活動。 2. 蒐集資料 3. 簡報分享成果	

己復禮，天下歸仁焉。為仁由己，而由仁乎哉？」顏淵曰：「請問其目？」子曰：「非禮勿視，非禮勿聽，非禮勿言，非禮勿動。」顏淵曰：「回雖不敏，請事斯語矣。」 　　《論語・顏淵》 4. 見賢思齊 子曰：「見賢思齊焉，見不賢而內自省也。」 　　《論語・里仁》 5. 春風沂水 子路、曾皙、冉有、公西華侍坐。子曰：「以吾一日長乎爾，毋吾以也。居則曰：『不吾知也！』如或知爾，則何以哉？」…… 「點，爾何如？」鼓瑟希，鏗爾，舍瑟而作，對曰：「異乎三子者之撰。」子曰：「何傷乎？亦各言其志也。」曰：「莫春者，春服既成，冠者五六人，童子六七人，浴乎沂，風乎舞雩，詠而歸。」夫子喟然嘆曰：「吾與點也！」 　　《論語・先進》 6. 安貧樂道 子曰：「飯疏食飲水，曲肱而枕之，樂亦在其中矣。不義而富且貴，於我如浮雲。」 《論語・述而》 7. 有教無類 子曰：「有教無類。」《論語・衛靈公》 8. 因材施教 子夏問孝。子曰：「色難。有事，弟子服其勞；有酒食，先生饌，曾是以為孝乎？」 　　《論語・為政》 子游問孝。子曰：「今之孝者，是謂能養。至於犬馬，皆能有養。不敬，何以別乎？」 　　《論語・為政》 9. 詩禮之訓 陳亢問於伯魚曰：「子亦有異聞乎？」對曰：「未也。嘗獨立，鯉趨而過庭，曰：『學詩乎？』對曰：『未也。』『不學詩，無以言。』鯉退而學詩。他日又獨立，鯉趨而過庭，曰：『學禮乎？』對曰：『未也。』『不學禮，無以立。』鯉		

	退而學禮。」 　　《論語・季氏》		
網站 資源	臺北市孔廟儒學文化網 http://www.ct.taipei.gov.tw 臺灣大學教育學程網站 http://www.education.ntu.edu.tw 國立臺灣師範大學國文系 http://140.122.82.194/ 元智大學網路展書讀： 網路展書讀 http://cls.admin.yzu.edu.tw/300/ 傳統中國文學 http://www.literature.idv.tw 中文辭典字典 http://www.xys.org/links/dictionaries.html 故宮博物院/圖書文獻館/寒泉古典文獻全文檢索 資料庫 http://npm.gov.tw		
評量	【注意學生的了解是否有所成長】 分組活動報告。 個人心得寫作	【顯現出對概念的 理解】 1. 創作作品分享。	
結論	【在活動範圍內自由思考】 生命的組曲，由一串小故事積累而成；人生的長 河，是由生活點滴匯聚而成。有些人能夠忠於自 己的本分，並且能夠推己及人，俯仰無愧的立足 於世，成為人人稱道的聖賢。	請從《論語》中， 選讀讓你終身受用 的一個字或一句話 的心得？	

　　《論語》全書二十篇，四百八十二章，一五九一九字，卻是一部充滿聖賢心聲格言的書，是孔子和弟子通過對話的方式，而作的一場交談性的經典話語。

　　「有教無類」、「因材施教」的教育理想，彰顯孔子對理想的執著。孔門之學，最講求的是做人的道理，以德行為本、知識為次。全書各篇章節簡短，每事一段，屬於語錄體。內容為孔子循循善誘，教導弟子，待人處事之道。或言簡意賅，點到即止；或啟發論辯，侃侃而談。《論語》一書語言生動活潑、含蓄雋永、寓意深遠、耐人尋味，篇章內不少語句，已成為現代人琅琅上口的格言和成語。

　　從《論語》中，可以見到孔子與弟子們的嘉言與懿行，禮儀或行為規範的學習。孔子指導學生在待人接物上，所顯現的謙恭與從容的禮儀，讓我們能夠見賢思齊，以修養高尚的品德，所以孔子說：「不學禮，無以立。」（季氏篇）教導學生要通過優美的文化形式，來樹立人格修養的目標。孔子教導學生，在人格修養的過程中，以德行為本，文

學為末；孔門四科：「德行、言語、政事、文學」。孔子四教：「文、行、忠、信」，以文為始，而終以信，這是站在教育的方式上說的，教育的目標還是歸於道德的實踐。孔子教導學生以詩、禮、樂培養完善的德行，詩可以鼓舞人的心志，使人興起向善的情操；禮是一個人立身處世的基礎，使人行為端莊合宜；樂可以陶冶人的心性，建立完美的人格。

表二　學生分組報告（探索任務）

週次	分組	主題	內容
	第一組	孔子的人格特質	1. 美善人格的彰顯 2. 人文關懷的落實 3. 淡泊名利的襟懷
	第二組	孔門四科十哲	德行科：顏淵、閔子騫、冉伯牛、仲弓 言語科：宰我、子貢 政治科：冉有、季路 文學科：子游、子夏
	第三組	與《論語》有關 成語的應用	巧言令色、見賢思齊、仁者樂山、欲罷不能、誨人不倦、富而可求、居上不寬、中道而廢、學而不厭、不教而殺、既往不咎、不恥下問、勞而不怨
	第四組	孔子的教育思想	1. 有教無類、因材施教 2. 孔子四教：「文、行、忠、信」 3. 以詩禮樂教人
	第五組	《論語的價值》	1. 從《論語》中，可以見到孔子與弟子們的嘉言與懿行 2. 孔門之學，最講求的是做人的道理，以德行為本、知識為次。 3. 《論語》是一部充滿聖賢心聲格言的書，裏面有的是放之四海而皆準，傳諸百世而不惑的至理名言。
	第六組	如果孔子活在現代	1. 孔子學習任何技藝都抱著追求精專的態度，以這種精神，相信就算孔子生活在現代也是會孜孜不倦地學習，最後成為一位成功的人 2. 教育家、政治名嘴、生態保育倡導者、哲學家、犯罪學家

透過經典閱讀教學，可以引領學生開啟古典文學的堂奧，在古聖賢哲的智慧結晶與經典話語中，開拓學生的新視野，陶冶其閱讀品味，培養學生終身學習的能力。由老師作為思考的啟蒙者，帶領學生進入《論語》一書的經典話語中，蘊涵著孔子的詩禮樂教育思想，傳承著瑰麗的儒家文化，我們隨著孔子的足跡，踏上這趟文化之旅，穿越時空的隧道，神遊於中國文化之精髓與教育活動之軌跡，讓我們不僅見到中國文化「宗廟之美，百官之富」的堂奧，咀嚼著儒家文化秀麗的華實，不禁使我們感懷不已。

孔子一生淡泊名利，終日孜孜不倦於治學與教學上，他自己曾說在進德修業上的歷程是循序漸進，從十五歲開始就發憤圖強，立志向學，三十歲學業精進，卓然有成，四十歲通達事理，沒有疑惑，一直到七十歲的的隨心所欲，不踰越法度。在個人品德心性之修養方面，孔子稱述最多的是「仁」。顏淵問仁，孔子回答說：「克己復禮為仁。」（〈顏淵篇〉）所謂的「克己」是指自我品德的完成，正是「忠」的表現；「復禮」乃是社會群體和諧的表現，也是「恕」道的發揚。由此可知，孔子一生在進德修業上是努力不輟的，並且以「學而不厭、不恥下問」的態度去學習各項新知，以開拓自己的知識領域，最後成為感通人類、洞明世事、潤化萬物的一代大儒，孔子堪稱終身學習的最佳典範。

延伸閱讀

請從《論語》中，選讀讓你終身受用的一個字或一句話的心得？
（文長以500字為原則）

表三　心得寫作範例

（一）子曰：「君子不以言舉人，不以人廢言。」

> 我從論孟選讀中覺得最有印象及體悟的一句話就是：「子曰：『君子不以言舉人，不以人廢言。』」，這句話意思是指不能因為一句話的好壞而判斷一個人的性格，也不能因為對一個人的喜惡而直接為其言論下註解。我覺得這句話非常有道理，也許有時某人會忽然冒出一句讓人覺得非常有哲理、深度的言論，那我們可能就會產生此人平時也是一位極有智慧之人的想法，但事實往往相反，他其實不過是個吊兒啷噹、說話無分寸的沒有禮貌的人，那句有深度的話也不過是他無心且不經大腦的隨口一句；而一般被認為沒有一點內涵的人，說的話有時也是富含內容，能擊中要點。
>
> 這道理也可以在現代的匿名文化中有所展現，在現在這種資訊發達且言論自由的社會當中，傳播一句話是一件輕而易舉的事，像是現在在網路上活躍的鄉民們，他們包含

形形色色的各種人物，從他們嘴裡說出的話也會因個人素質有很大的差別，不過目前生活中有很多網友總是口無遮攔說出些不好聽的言論，偶爾有會有幾句充滿內涵的話，但比例又比前者少很多。那些說出壞話的人，有可能在現實生活中是一位資優生、成功人士或者其他素質很好的人物；說出佳句的人，也很有可能實際上只是為平時絲毫不起眼的人。

語言是人們用來彼此互動的最佳工具，人際之間的所有關係都是依靠語言傳達來維持。每個人都能依靠其說出的言論來顯現出他自身的價值，即使那可能不符合他真實的程度。所以我們就要學會如何以不偏頗的眼光來看待一句話或一個人，因為言論可能會被作為掩飾或是欺騙的工具手法，但也不要因此因噎廢食，不能因為覺得自身地位與說出的話不相符，就向後退縮而不敢說出口，說話應該是以自己最真誠的內心為出發點，能說出當下最想說的話才對。不管什麼人說出什麼話，都還是要抱著原本最敬重的心來看待他人，無論是誰說出的話，就算並不是真正充滿哲理，也都有各自的價值，能不出違背自身內心的真實想法言論才是最重要的，畢竟言語是人類生活上最不可或缺的重要財富。

雖然論孟都是幾千年以前的產物，但大部分放到現代還是很受用，不會有不合時宜的感覺。孔子及孟子兩位都是非常有智慧的偉人，他們都能夠對人的心理、道德、孝心、學習甚至民主思想都有最適宜的針貶與見解。有時仔細深思論孟的內容，都覺得可以獲取極大的收益，像是上述說的那句話語，就是針對言論以及知人的重要所提出，由於在現代社會這兩者是非常重要的，因此我認為這應該為社會大眾所學習珍藏，要學會看清每一句言論的真正價值，以及人的真實本質，這樣人與人、社會間互動將更自然，社會所有亂象也會因此消除。

（公共系一年級　黃琛淯）

（二）子曰：「父母之年，不可不知也。一則以喜，一則以懼。」（里仁篇）

孔子說：「父母親的年紀，不可以不知道。知道了父母親的年紀，喜的是，父母親能得長壽、身體健壯，為人子女正可盡孝；害怕的是，父母親年歲已高，身形漸漸衰老，能盡孝的時日，已然不多了！」我認為這句話貼切地作為「終身受用一句話」的啟示。飲水思源是做人的基本法則，做任何事都要懂得惜福、感恩，而人類的根源就是──父母親。母親猶如二十四小時不打烊的員工，唯一不同的是「不斷付出、不求回報」無論打掃、照顧家庭、烘培樣樣難不倒她。是誰在我們生病時細心照顧我們?每天最早起床準備早餐，最晚入眠。母親所做的一切只願我們平安、好好的過日子。

母親為我們所做的恩惠比山還高、比海還深。因此我們要懂得「報恩」然而報恩的方式有很多種，例如「一個不經意地擁抱、一句話『辛苦了』」在我們眼中看似沒什麼但是這些話能讓父母感到格外的溫馨。另一種方式如同孔子曾經說過「及時盡孝」由於古人云：「人生七十古來稀」所以當孩子到了三、四十歲的時候父母年紀已高，要和雙親同聚在一起的時光已漸形消散，為人子女應及時盡孝，勿面臨「子欲養而親不在」的感嘆！有空時幫父母洗碗、曬衣服等都能減輕父母的辛勞。不要等到失去，才懂得珍惜、不要把所有事情當作理所當然，適時地慰勞父母的辛苦，這是我們應該做的。有些人來不及孝順雙親因為活在當下而不瞭解惜福與感恩，發覺時，時間已晚。

每年母親節與父親節時我與姐姐都會製作一張卡片佈滿感恩的話語及這一年來的回憶，以真誠的心送給父母親感恩他們為我們所做的一切。一句您辛苦了、一片愛心將換回滿出來的愛意。感激為你付出的人，每個人都要秉持這份心。只用說的不如現在馬上行動吧！

父母在世時，及時盡孝，勝過祭拜時的五鼎佳餚。其實盡孝可以很簡單，只要不昧著良心照顧與陪伴父母親及適時的幫助他們猶如自己還小的時候受惠於父母的提拔一樣，讓父母親穿著得體、衣食無虞就行了，根本不需要華麗過甚的飾品來陪襯。

（地生系一年級・胡楊明紘）

（三）曾子曰：「吾日三省吾身，為人謀而不忠乎，與朋友交而不信乎，傳不習乎。」（學而篇）

「三」這個數字對古人來說很重要，重要在哪呢？重要在孔子的「三人行，必有我師。」的謙虛，重要在劉備「三顧茅廬」的真誠，而我認為更重要在「三省吾身」的謙恭與自省，對古人來說很重要的事情，我們何嘗不是如此，我們也是需要的是這種「三省吾身」的道德修養。

曾子曰：「吾日三省吾身，為人謀而不忠乎，與朋友交而不信乎，傳不習乎。」意思是「我每天必定用三件事反省自己：替人謀事有沒有不盡心盡力的地方？與朋友交往是不是有不誠信之處？師長傳授的功課有沒有復習？」每個人都不可能是完美無缺的，只有具備了不斷自我反省的能力，才能不斷自我完善。一個人如果能夠自我反省，他就會變得謙虛而不傲慢，變得彬彬有禮而不自以為是，同時也就能養成獨立思考的習慣而不盲從他人。

一省吾身，為人謀而不忠乎。「忠」是曾子的第一省，《論語》也提過「夫子之道，忠恕而已矣！」沒錯，如果身為一位員工，是否有盡心盡力去做好老闆交代的事物。現代的社會，只要覺得跟上司不合，就會隨意離職，導致一年會換好幾個工作。

再省吾身，與朋友交而不信乎，而「信」是曾子的第二省，從「信」的字形可以看出，「人」「言」為「信」，也就是說，古人說：「君子一言，駟馬難追」，人說話是要講信用的。告訴我們人而無信，就好比是車子沒有了車軸，那麼車子自然行之不遠。

三省吾身，傳不習乎。身為學生，是否有複習老師所教授的知識。子夏曾說過：「日知其所無，月無忘其所能」孔子也說過：「溫故而知新，可以為師矣」我的身分是學生，所以更該問問自己，好好的自省一下，有沒有好好地複習。

子曰：「已矣乎，吾未見能見其過而內自訟者也」現在的社會正好呼應這句話。千錯萬錯都不是我的錯，把一切的過錯都推到別人身上了，而不捫心自問，看看自己到底哪裡錯了。曾子的三省吾身，正是我們所欠缺的道德修養。

（物化系一年級‧何政緯）

《論語》自〈學而〉至〈堯曰〉共二十篇，每篇又分若干章，不相連屬；言簡意豐，含蓄凝練，包含了孔子淵博的學識和豐富的生活經驗；在記言的同時，傳達了人物的神情態度；在某些章節的記述中，還生動地反映了人物的性格特點；其中有不少精闢的言論成為人們習用的格言和成語，對後代文學語言的發展有深遠的啟發性。《論語》是一部充滿聖賢心聲格言的書，那裏面有的是放之四海而皆準，傳諸百世而不惑的至理名言。學生研讀《論語》，只要擷取書中片言隻字，加以實踐力行，都會有助於自己德業的增進。

對於《論語》的經典名言，如：「不以言舉人，不以人廢言；父母之年，不可不知也；三省吾身。」等項，學生均有深入的探討與省思，認為可以終身受用，並且身體力行之，可見孔子與弟子們的思想學說對青年學子有影響力。的確，從《論語》中，可以見到孔子與弟子們的嘉言與懿行，孔門之學，最講求的是做人的道理，以德行為本、知識為次。在為學的態度上，孔子展現出不斷地學習與力求上進的態度，可以激勵學生以「終身學習」的態度，來學習新知、增廣見聞。德國哲學家黑格爾（Georg Wilhelm Friedrich Hegel，1770-1831）說：「經典是永恆的，因為它會不斷激起讀者心靈中的理念典型。」這的確是中肯的言論。

表四　如果孔子活在現代

1 儒家思想，除了在中華文化佔有一席之地，國外許多思想家、哲學家和歷史學者也被吸引，目前在世界各地都創立了孔子學院。如果孔子活在現代，對於儒學有興趣和研究的學者，可以更深入探究儒家思想的核心；有了孔子這個儒家的靈魂人物，可能在現代給予人們精神上的依託，而創立一個新的宗教信仰。（生科系一年級‧黃立丞）

2 如果孔子活在現代，並且周遊列國，我相信在他看到這個世界之後，可能會改變志
向，轉行成為一名著名的導遊或是旅遊部落客的專業作家，將現代美妙的風景及各地
的文化發揚光大，讓現代人能夠知道世界的美麗。（生科系一年級‧黃冠豪）

3 如果孔子活在現代，他想要的周遊列國靠現代科技很快就能辦到，以及若他能做官，
並秉持因材施教的理念，還能改變現有的教育體制。（生科系一年級‧林宛宣）

4 我覺得如果孔子活在現代或許會感到無奈且無法有所作為，雖然他理想很好，但時代
價值觀差太多了。（生科系一年級‧葉欣慈）

5 孔子一定對現社會的倫理感到失望，尤其是敬老尊賢的觀念，這是現代人所缺乏的。
（生科系一年級‧古佳展）

6 孔子對於當今社會的弊端可能會無法接受，但以他的個人情操，他絕對會想盡辦法幫
助我們改善。（生科系一年級‧陳易辰）

7 現在人間混沌不明，如果如果孔子活在現代為自己的儒家思想而活可能會很痛苦，媒
體渲染很多事物，教育普及，每個人都有自己的個性與主張，且要因應千變萬化的世
界，恐怕難以接受孔子的思想或維持孔子宣傳的思想。（養殖系一年級‧朱苡瑄）

8 如果孔子活在現代，他想必會努力宣傳自己的儒學理念，現在受到西方自由主義思潮
的影響，社會非常亂，他若能堅持自己救世思想，傳道不懈，相信對改善社會風氣有
極大幫助。（生科系一年級‧李岳泓）

9 若是在現代，其思想必定能夠獲得重用，且應有企業願意資助他去周遊列國，但我想
在現今的社會，不必周遊列國，利用網路就能將孔子的思想傳播全世界。
（養殖系一年級‧賴羿蓁）

10 如果孔子活在現代，他可能不再絕對地受人尊重了，因為觀念與時共進，人們會肯定
他的理念，但那種堅持在時代進步的體制下也許容易和人起衝突。
（生科系一年級‧胡嚵之）

11 如果孔子活在現代，他可能會是輔導老師或國文老師，並且可以透過網際網路宣傳他

的思想，現代社會學風自由，孔子絕不會因言論不妥而受罰。
（生科系一年級・高子婷）

12 如果孔子活在現代，我想他可能會變成一個卓越的演講大師，他會到處宣揚「仁」並傳導學習的方法。（生科系一年級・莊秉凡）

在科技文明發達，而人文素養日益衰微的今日，研讀《論語》是淨化人心與與聖賢對談的一帖良藥。孔子的人格力量，不僅在他以布衣的身分成為大思想家、大學問家、大教育家，而且在於他的高尚品德和直率平易的性格，以及不自以為聖，歡迎批評，有過必改的真誠態度。弟子們對他心悅誠服，衷心愛戴，絕對不是偶然的。

仔細研讀《論語》所選錄的篇章，可以有系統地認知孔子教育思想所蘊涵的真知灼見，以及日用倫常間的道德規範，進而作為我們待人接物、應對進退的指針。有五成以上的學生認為如果孔子活在現代，他的思想學說對青年學子有影響力。面臨跨世代的文化視野，學生在學習活動中，思考、應變，再與小組、分享交流不同的看法，跨越時間、不同世代思維模式的文化：「儒家思想是否能影響廿一世紀的社會人心」，這是值得大家關切的議題。

五 結論

「天不生仲尼，萬古如長夜」，至聖先師孔子猶如一顆慧星，照亮中華文化的前程，開啟我國私人講學的先河，奠定了儒家學說的理論基礎。梁啟超先生（1873年-1929年）曾說：「中國民族之所以存在，因為中國文化存在，而中國文化離不了儒家，若把儒家抽出，中國文化恐怕沒有多少東西了。」正說明了儒家思想，不僅是我們精神生活的全部，而且是我們修齊治平的準繩。我們可以從《論語》一書中，瞭解到儒家學說不僅具有完整的理論體系，而且提示了切實可行的為人治事的原則。中華文化源遠流長，博大精深，深植於每一個人的思想與生活中。儒家學說體用兼備，更是傳承中華文化之中流砥柱。

英國生物學家達爾文（Darwin, 1809-1882）曾說：「最有價值的知識是關於方法的知識。」的確，在資訊科技文明日新月異的時代，各級學校的教材內容也需要不斷的發展與創新，掌握住良好的教學方法，也就是掌握住開啟新時代智慧的鑰匙。因此，每位教師不應該忽略任何一個學生的學習權利，面對個別差異的學生，如何因材施教，以培養學生良好的學習態度，這是教師任重道遠也是最艱難的挑戰。我們樂見今後多元智能教育制度的開啟，在教學活動中注入新意，引導學生適應瞬息萬變的社會為學習的主軸，跨學科的整合，開啟學生全方位的能力，使智能教育與文化陶冶相結合。

　　孔子說：「人能弘道，非道弘人。」（《論語・衛靈公篇》），因此當前各級學校國文教育不應該墨守成規，應該推陳出新，發揚傳統文化的精華，擷取西方科學的長處，使西方的科學精神和中國傳統的人文精神相互交流；讓古典文學與現代文學兩者相輔相成，為國文教育開拓新天地。要想使青年學子了解中華文化，而不致數典忘祖，就必須培養學生閱讀經典古籍的興趣。因此每位為人師表者，就應該體察時代的需要，掌握世界的脈動，作前瞻性的規劃，並且以教育家劉真（1913-2012）的名言：「樹立師道的尊嚴，發揚孔子樂道的精神」自勉，營造溫馨的終身學習環境，以培育具有多元智慧、宏觀視野、蓄積深厚、知書達禮之 e 時代好青年。

參考文獻

中文文獻

〔宋〕朱熹　《四書章句集注》　臺北市　鵝湖出版社　1998年

郭俊賢、陳淑慧譯　〈多元智慧的教與學〉　臺北市　遠流出版社　1999年

洪振方　〈探究式教學的歷史回顧與創造性探究模式之初探〉　《高雄師大學報》15期　2003年　頁641-662

謝州恩、吳心楷　〈探究情境中國小學童科學解釋能力成長之研究〉　《師大學報：科學教育類》　第50卷第2期　2005年　頁1-27

梁淑貞、陳秀騰　香港培正中學：教師進修日　專題研習　2001年

周文忠、楊建民　〈探究式教學法與講述式教學法在國小 Scratch 程式教學學習成效之研究〉　數位內容與虛擬學習研討會「資訊科學系」會議論文　2010年

邱子修　〈結合跨文化視野於數位華語文學教材的閱讀策略〉　Integrate Transcultural Perspectives into Reading strategies of Chinese Literary e-textbooks　第六屆全球華文網路教育研討會　2009年

徐新逸、林燕珍　〈中小學教師資訊融入教學發展模式及檢核工具之研究〉　《教育研究集刊》　第50卷第1期　2004年　頁175-203

劉美芳　〈簡介探究式教學法〉　《數學與科學教育》　試刊1　2004年　頁29-34

楊凱翔探究　〈WebQuest 教學模式的發展與未來方向〉　《國民教育》　第52卷第3期　2012年　頁80-88

鄭詩穎　〈WebQuest 教學模式〉　2013年

梁啟超　《清代哲學概論》　天津市　古籍出版社　2004年

英文文獻

American Association of School Librarians, "Standards for the 21st Century Learner," American Association of School Librarians, 2007, accessed July 15, 2014, http://www.ala.org/aasl/sites/ala.org.aasl/files/content/guidelinesandstandards/learningstandards/ AASL_LearningStandards.pdf.

Dodge, B. (1995). "WebQuests: A Technique for Internet-Based Learning." Distance Educator, 1(2), 10-13. [EJ 518 478] Cordeiro, P., & Campbell, B. (1995), Problem-Based learning as cognitive apprenticeship in educational administration., (ERIC Document Reproduction Service No. ED 386 800).

Finke, R. A. (1990). Creative imagery: Discoveries and inventions in visualization. Hillsdale, NJ : Erlbaum. Reed, S. K., & Johnsen J. A. (1975). Detection of parts in patterns and images. Memory and Cognition, 3, 569-575.

臺北市消費者對於 NIKE 運動鞋的品質、價格、滿意度與忠誠度之關係

劉孟竹[*]

摘　要

　　本研究動機：NIKE 運動產品在臺灣運動市場蓬勃發展，尤其各款式的運動鞋，受到不同年齡層次喜好，所以本研究為了瞭解臺北市消費者對於 NIKE 運動鞋「知覺品質」、「知覺價格」、「顧客滿意度」、「顧客忠誠度」等四項因素之關係。研究方法：採用問卷調查法，將臺北市分為東、南、西、北等四區，每區抽樣地點以各區之百貨公司 NIKE 專櫃、市面 NIKE 專賣店、體育用品社等各兩家，共發放370份問卷；以 SPSS for Windows 20.0軟體進行統計分析，檢測各因素之間相關程度，並以多元迴歸分析，預測顧客忠誠度。最後，以路徑分析法瞭解各因素之間的關連強度。研究結果：「知覺品質」對「顧客忠誠度」具有正向效果。「知覺品質」與「知覺價格」對顧客滿意度有正向效果。「知覺品質」與「顧客滿意度」是「顧客忠誠度」重要的解釋變數，不僅具有直接效果（.231），也具有間接效果。知覺品質、知覺價格兩個外衍變項，以「顧客滿意度」為中間效果，亦發現「顧客滿意度」與顧客忠誠度有效的被解釋變異量為（.483[**]）。「顧客滿意度」對於顧客忠誠度的影響（.483[**]）具有直接效果，顯示 NIKE 運動鞋顧客忠誠度受到「顧客滿意度」高低有正向關係。本研究結論：臺北市 NIKE 廠牌的運動鞋經營者，必須先讓顧客感覺 NIKE 運動鞋產品是好的品質，及顧客購買時產生滿意程度，在這兩個條件之下顧客才會產生忠誠度。顧客對 NIKE 運動鞋品質的評價愈高，則其滿意度也就愈高，亦即提升 NIKE 運動鞋的品質，才能增加顧客繼續購買的意願。知覺價格對顧客滿意和購買意願的關係上，知覺價格透過顧客滿意度對再購買意願有顯著的影響。

關鍵詞：知覺品質、知覺價格、顧客滿意度、顧客忠誠度

---

* 劉孟竹：健行科技大學學務處體育組助理教授。

一　研究背景與動機

　　臺北市 Nike 經銷商不定期推陳出新，以最新、最炫的款式吸引消費者，也不只講求炫、更講求舒適，並且強調腳部的保護，以降低運動對腳部的衝擊與傷害。Nike 公司靠廣告與贊助兩個效果相並形成形象及鞋款通路，除了優質的電視廣告，會印刷精美詳細的 DM 及期刊介紹，更透過網際網路發表最新的消息傳遞給民眾。把握 NBA 賽事吸引大眾的目光，Nike 在廣告中表達運動不完全是運動員的事情，讓消費者更貼近運動品牌。NIKE 利用明星運動員來為自家產品代言運動鞋，這些運動明星都有過人的偶像魅力，能為商品帶來無窮商機。

　　顧客知覺品質是形成顧客忠誠度的因素之一，購買 NIKE 運動鞋顧客知覺品質將成為 NIKE 創新產品的重要依據，本研究探討顧客知覺品質（Perceived Quality）對顧客忠誠度（Customer Loyalty）有何影響，成為觸發本研究動機首要因素之一。Philipp 和 Lisa（2011）定義知覺品質為消費者對於某一項品牌產品整體品質的認知水準，或消費者對在特定目的下相對於其他品牌，對某品牌產品或服務全面品質的主觀滿意程度。Hume 和 Sullivan（2010）在服務區的服務品質、體驗價值、關係品質與顧客忠誠度之關係的研究中，探討出服務品質對體驗價值有正向的關係影響。高源泉（2010）認為服務品質對認知價值有顯著正向影響，因此促進 NIKE 服務品質，對 NIKE 的經營有所助益。

　　從理論文獻回顧，價格在消費者行為上扮演重要的角色，價格會誘發消費者對交易的期望，由於無形服務涉及人際互動，導致服務績效的異質性及不確定性提高，將促使顧客使用價格之有形線索做為判斷品質與績效的來源（陳靜茹，2009）。因此在消費水平逐漸高漲的情形下，知覺價格（Perceived Price）會影響消費者對於購買 NIKE 運動鞋行為的發生。Cronin 和 Michael（2000）消費者之購買意願通常由知覺價格來決定，消費者知覺價格後決定其所願意付出的價格以及所知覺的品質。顯示價格高低是消費者購買產品的一項重要指標，也就是消費者感受到的價格，包括金錢犧牲、時間成本、搜尋成本、努力與精神付出等。呂惠富（2008）研究運動鞋產業，認為價格—品質關係會影響顧客參與共同生產的程度。

　　顧客是公司的經濟資產，但他們卻不出現在資產負債表上，這顯示出有些人覺得對公司而言顧客滿意是先決條件。事實上，當顧客不滿意時，他們就不再跟此產品進行交易了；而滿意的顧客卻是經常光顧且愈買愈多。不僅如此，NIKE 運動鞋如果要獲得長期的成功，必須獲得顧客的滿意。Athanassopoulos（2000）滿意度良好會增加消費者的購買行為，也較容易接受產品線上的其他產品，以及增加口碑傳播。大多數學者皆認為滿意度是消費者在購買前對產品的期待及購買後產品實際表現的差距，所產生的反應；亦認為滿意度是消費者比較投入成本與預期報酬所產生的。紀遠（2007）滿意度是指消費者在達成購買行為後，對於 NIKE 所提供的商品或服務，所帶來的愉悅感受程度。

Kotler 和 Keller（2012）消費者對產品或服務的滿足或不滿足將會影響其後續行為，如果消費者感到滿足，顯示其可能再次購買該產品或服務的可能性很高，而感到滿足的消費者也會為該品牌做正面的宣傳。

真正的顧客忠誠度是一種行為，而顧客滿意度只是一種態度，忠誠的顧客將是企業競爭優勢的主要來源，保有忠誠度的顧客對企業經營者來說，是相當重要的任務。Bradley 和 Sparks（2012）認為顧客忠誠度指顧客對購買某特定品牌商品的支持傾向程度，是一個量化概念。顧客忠誠度是指由於質量、價格、服務等諸多因素的影響，使顧客對某一企業的產品或服務產生感情，形成偏愛並長期重覆購買該企業產品或服務的程度。張志堅（2005）指出忠誠度的形成包括重覆購買與對特定產品與品質上的偏好。黃宏春（2011）研究結果認為：運動鞋品牌忠誠度與購買地點有顯著差異，通常消費者僅擁有單一種品牌的運動鞋品牌忠誠度最高。林永森、林姵伶（2008）認為將訊息告知親朋好友口耳相傳（word-of-mouth）可當成衡量態度忠誠的一項指標。

二　研究目的與方法

（一）研究目的

基於上述之研究背景與動機，本研究目的旨在臺北市消費者購買 NIKE 運動鞋的觀點，探討 NIKE 運動鞋知覺品質、知覺價格與顧客滿意度，對顧客忠誠度的影響。具體的研究目的如下：（1）瞭解 NIKE 運動鞋知覺品質與知覺價格的關係。（2）瞭解 NIKE 運動鞋知覺品質、知覺價格對顧客滿意度的影響。（3）瞭解 NIKE 運動鞋知覺品質、知覺價格對顧客忠誠度的影響。（4）瞭解 NIKE 運動鞋知覺品質、知覺價格與顧客滿意度對顧客忠誠度的影響。

（二）研究對象

本研究係以臺北市購買 NIKE 運動鞋之民眾為抽樣對象，由於抽樣範圍廣大，將臺北市分為東、南、西、北等四區。每區抽樣地點以各區之百貨公司 NIKE 專櫃、市面 NIKE 專賣店、體育用品社等各兩家，共發放370份問卷（北部發放100份；中部發放100份；南部發放100份；東部發放70份），扣除未回收問卷38份，共獲得有效問卷332份，有效回收率為89.7%。透過問卷調查，以瞭解顧客對 NIKE 運動鞋知覺品質、知覺價格、滿意度與忠誠度之關係，並提供臺北市 NIKE 公司在運動鞋市場上之參考建議。

（三）研究工具

本研究臺北市消費者對於 NIKE 運動鞋品質、價格、滿意度與忠誠度關係，以「NIKE 運動鞋品質對顧客忠誠度影響之調查問卷」為研究工具，本問卷共分為五部份；基本資料、知覺品質、知覺價格、顧客滿意度、顧客忠誠度。

  （1）知覺品質：以顧客觀點來進行知覺品質的評估，參考 Keller（2001）、Yoo 和 Donthu（2001）與 Kim 等人（2003）所提出的構面修訂，分別為 NIKE 品牌知曉與品質覺知，建構 NIKE 運動鞋「知覺品質」子題。

  （2）知覺價格：參考 Petrick（2002）衡量知覺價格構面，包括貨幣性價值、行為性價值、產品價格與產品市場名氣等構面，因此，本研究綜合產品價格與行為性價值修訂為 NIKE 運動鞋「知覺價格」子題。

  （3）顧客滿意度：綜合 Gordon 和 Terrence（2000）、Kim 等人（2004）及 Tsiros 等人（2004）的觀點，採納顧客滿意是一項整體的、概括的現象，衡量單一的整體滿意即可；其問卷子題修訂黃宏春（2011）之調查問卷，以符合 NIKE 運動鞋「顧客滿意度」子題。

  （4）顧客忠誠度：顧客忠誠度的調查子題，參考 Gronholdt 等人（2000）的概念，修訂為再次購買、推薦購買、抱怨購買與轉換購買等行為題目，以符合 NIKE 運動鞋「顧客忠誠度」子題。

本研究調查問卷之因素分析及信度係數之統計結果：「知覺品質」信度係數 Cronbach α 為.87，具有22.32%解釋變異量、特徵值為2.94；「知覺價格」信度係數 Cronbach α 為.91，具有21.36%解釋變異量、特徵值為3.43；「顧客滿意度」信度係數 Cronbach α 為.88，具有20.83%解釋變異量、特徵值為3.27；「顧客忠誠度」信度係數 Cronbach α 為.89，具有23.15%解釋變異量、特徵值為3.93；本量表總信度係數 Cronbach α＝.89、總累積解釋變異量為87.66%，顯示具有良好的建構效度。

（四）資料處理

本研究採用問卷調查法，問卷於施測回收後，刪除無效問卷，以 SPSS for Windows 20.0套裝軟體進行統計分析。首先以皮爾遜積差相關，分析購買 NIKE 運動鞋的顧客與各因素相關程度，相關係數（R）的平方（$R2$）說明本研究之解釋變異量的比例。以多元迴歸分析購買 NIKE 運動鞋的因素，預測顧客對於 NIKE 運動鞋產品忠誠度。最後，以路徑分析法瞭解各因素之間的關連強度，本研究顯著水準為 α=.05。

三　結果與討論

本研究「臺北市消費者對於 NIKE 運動鞋知覺品質、知覺價格、滿意度與忠誠度關係」之調查結果分成四部份：第一，樣本描述統計。第二，各因素相關分析。第三，各因素多元迴歸分析。第四，路徑分析。

（一）樣本描述統計

本研究回收有效問卷共計332份，經資料分析並整理後，依樣本特徵與購買傾向，探討其樣本結構。表一，了解調查結果樣本分布情形。發現顧客購買 NIKE 運動鞋的性別男多於女，男性人數占55.7%；女性人數占總樣本的44.3%；年齡的分布以30歲以下（含）最多占52%，另外31-50歲（含）占43%，51歲以上的占4%；職業部分：屬於學生者有134人占40.6%，非學生者有198人占59.4%，顯示 NIKE 運動鞋的顧客以非學生之社會人士者占大部分；購買預算部分：花費2000元-2500元者占38.6%；花費1000元-2000元者占31.1%；因此大部分顧客願意花費2000元至2500元購買他想要的 NIKE 運動鞋。顧客購買 NIKE 運動鞋的購買地點調查顯示：至百貨公司的顧客占22.3%；至市面 NIKE 專賣店的顧客占37.3%；至體育用品社的顧客占40.4%。因此顧客至體育用品社購買 NIKE 運動鞋最多，到一般市面鞋店購買 NIKE 運動鞋的顧客最少。顧客購買 NIKE 運動鞋的次數調查顯示：首次購買的顧客占9.6%；經常購買的顧客占85.9%；更換為 NIKE 品牌的顧客占4.5%。因此，顧客購買 NIKE 運動鞋的次數，以「經常購買」的顧客最多，只有極少部分的顧客更換為 NIKE 品牌。顧客購買 NIKE 運動鞋的原因調查顯示：顧客以實用（功能佳、安全、好穿）而購買者占43.4%；顧客受明星廣告（流行）吸引而購買者占39.4%；顧客講求運動鞋美觀（炫、特殊）者占17.2%。因此，顧客購買 NIKE 運動鞋以實用（功能佳、安全、好穿）為主。

表一　樣本描述統計分析

項目	類別	人數	百分比%
性別	男	185	55.7
	女	147	44.3
年齡	30歲以下（含）	173	52
	31-50歲（含）	143	43
	51歲以上	16	4
職業	學生	134	40.4

項目	類別	人數	百分比%
	非學生	198	59.6
購買預算	1000元（含）以內	34	10.3
	1000元-2000元	103	31.1
	2000元-2500元	128	38.6
	2500元-3000元	46	13.9
	3000元以上	21	6.1
購買地點	百貨公司	74	22.3
	市面 NIKE 專賣店	124	37.3
	體育用品社	134	40.4
購買次數	首次購買	32	9.6
	經常購買	285	85.9
	更換為 NIKE 品牌	15	4.5
購買原因	實用	144	43.4
	流行	131	39.4
	美觀	57	17.2

（二）各因素相關分析

　　購買 NIKE 運動鞋之各因素相關程度會影響迴歸的建立，因此，本研究在利用迴歸分析進行檢定前，先對因素之間的相關情形做了解。

　　結果顯示，知覺品質、知覺價格、顧客滿意度、顧客忠誠度等構面之 Pearson 相關係數，最高者為「顧客滿意度」與「顧客忠誠度」之 Pearson 相關係數 r_{34}=.768，最低者為「知覺價格」與「知覺品質」之 Pearson 相關係數 r_{21}=.361，其 P 值均小於.05，均達顯著水準具有正相關，各因素分析，如表2。

　　（1）知覺品質與知覺價格、顧客滿意度、顧客忠誠度之相關係數分別為 r_{12}=.361；r_{13}=.689；r_{14}=.607，均達顯著水準具有正相關。其中以知覺品質與顧客滿意度具有高度相關，知覺品質與知覺價格兩者相關不強。

　　（2）知覺價格與知覺品質、顧客滿意度、顧客忠誠度之相關係數分別為 r_{21}=.361；r_{23}=.437；r_{24}=.496，均達顯著水準具有正相關。從數據顯示，知覺價格與各因素相關皆不強。

（3）顧客滿意度與知覺品質、知覺價格、顧客忠誠度之相關係數分別為 r_{31}=.689；r_{32}=.437；r_{34}=.768，均達顯著水準具有正相關。其中以顧客滿意度與顧客關係具有高度相關，顧客滿意度與知覺價格兩者相關趨向良好。

（4）顧客忠誠度與知覺品質、知覺價格、顧客滿意度之相關係數分別為 r_{41}=.607；r_{42}=.496；r_{43}=.768，均達顯著水準具有正相關。其中以顧客忠誠度與顧客滿意度兩者具有高度相關，顧客忠誠度與知覺價格兩者相關趨向良好。

表二　購買 NIKE 運動鞋之各因素相關分析摘要表

		1 Perceived Quality	2 Perceived Price	3 Customer Satisfaction	4 Customer Loyalty
1 Perceived Quality	Pearson related	1.000	.361**	.689**	.607**
	Sig (two-tailed)	-	.000	.000	.000
2 Perceived Price	Pearson related	.361**	1.000	.437**	.496**
	Sig (two-tailed)	-	.000	.000	.000
3 Customer Satisfaction	Pearson related	.689**	.437**	1.000	.768**
	Sig (two-tailed)	-	.000	.000	.000
4 Customer Loyalty	Pearson related	.607**	.496**	.768**	1.000
	Sig (two-tailed)	-	.000	.000	.000

*$p<$ .05　　**$p<$ .01

（三）各因素多元迴歸分析

購買 NIKE 運動鞋之多元迴歸分析，檢驗研究假設支持與否。

（1）迴歸模式 I

依據下表3、4、5所示，迴歸模式 I 具有高度的解釋力（自變數：顧客滿意度；依變數：顧客忠誠度），調整後的 $R2$達56.8%，Durbin-Watson 為1.938，變數之間不具自我相關，整體迴歸模式達顯著水準；對自變數進行事後考驗，標準 β 係數達.483，表示顧客滿意度與顧客忠誠度有相當高的直接因果關係。因此，顧客滿意度對顧客忠誠度有正向效果，並獲得支持。

表三　模式I迴歸摘要表

mode	R	R2	After adjusting R2	Estimated standard error	Durbin-Watson test
1	1.841ᵃ	.562	.568	.3278	1.938

*p< .10　　**p<.05

表四　模式I變異數分析

mode	sum of square	df	F	Sig
1 regression	38.306	1	96.33	.000ᵃ
residual	131.624	331		
sum	169.930	332		

*p<.10　　**p< .05

表五　模式I係數表

mode	Unnormalized coefficient		Standardization coefficient	t	Sig
	Estimated value of β	Standard error	β		
1 (constant)	1.114	.142		7.598	.00
Customer satisfaction	.657	.038	.483	18.972	.00

*p< .10　　**p< .05

（2）迴歸模式 II

　　依據下表6、7、8所示，迴歸模式 I 具有高度的解釋力（自變數：知覺品質、知覺價格；依變數：顧客忠誠度），調整後的 R2 達60.2%，Durbin-Watson 為1.975，變數之間不具自我相關，整體迴歸模式達顯著水準；對兩個自變數進行事後考驗，知覺品質的 β＝.231達顯著水準，知覺價格的 β＝.013未達顯著水準。因此，知覺品質對顧客忠誠度有正向效果，獲得支持。知覺價格對顧客忠誠度，並無顯著影響，因此不支持此觀點。

表六 模式II迴歸摘要表

mode	R	$R2$	After adjusting $R2$	Estimated standard error	Durbin-Watson test
1	1.682[a]	.617	.602	.3485	1.975

*$p<$ .10　　**$p<$ .05

表七 模式II變異數分析

mode	sum of square	df	F	Sig
1 regression	13.893	2	15.724	.000[a]
residual	146.012	330		
sum	159.905	332		

*$p<$ .10　　**$p<$ .05

表八 模式II係數表

mode	Unnormalized coefficient		Standardization coefficient	t	Sig
	Estimated value of β	Standard error	β		
1 (constant)	1.231	.139		7.864	.000
Perceptual quality	.179	.043	.231	4.573	.000
Perceptual price	9.863E-03	.038	.013	.289	.785

*$p<$ .10　　**$p<$ .05

（3）迴歸模式 III

依據下表9、10、11所示，迴歸模式III具有高度的解釋力（自變數：知覺品質、知覺價格；依變數：顧客滿意度），調整後的 $R2$達66.9%，Durbin-Watson 為2.138，變數之間不具自我相關，整體迴歸模式達顯著水準；對兩個自變數進行事後考驗，知覺品質的 $\beta=$.274，知覺價格的 $\beta=$.112，皆達顯著水準。因此，知覺品質與知覺價格對顧客滿意度皆達正向效果，兩者皆獲得支持。

表九 模式III迴歸摘要表

mode	R	R2	After adjusting R2	Estimated standard error	Durbin-Watson test
1	1.912[a]	.679	.669	.3147	2.138

*p< .10   **p< .05

表十 模式III變異數分析

mode	sum of square	df	F	Sig
1 regression	24.382	2	29.734	.000[a]
residual	135.193	330		
sum	159.575	332		

*p< .10   **p< .05

表十一 模式III係數表

mode	Unnormalized coefficient		Standardization coefficient	t	Sig
	Estimated value of β	Standard error	β		
1 (constant)	.639	.138		4.183	.000
Perceptual quality	.242	.041	.274	5.376	.000
Perceptual price	.117	.035	.112	2.854	.004

*p< .10   **p< .05

（4）迴歸模式 IV

　　依據下表12、13、14所示，迴歸模式IV具有高度的解釋力（自變數：知覺價格；依變數：知覺品質），調整後的 R2 達15.9%，Durbin-Watson 為1.650，變數之間不具自我相關，整體迴歸模式達顯著水準；對自變數進行事後考驗，標準 β 係數達.342，表示顧客對知覺價格的認知程度越高，期待知覺品質的程度也就越高。因此，知覺價格與知覺品質有正向效果，並獲得支持。

表十二　模式IV迴歸摘要表

mode	R	R2	After adjusting R2	Estimated standard error	Durbin-Watson test
1	1.438[a]	.147	.159	.6541	1.650

*p< .10　　**p< .05

表十三　模式IV變異數分析

mode	sum of square	df	F	Sig
1 regression	17.335	1	51.964	.000[a]
residual	122.571	331		
sum	139.906	332		

*p< .10　　**p< .05

表十四　模式IV係數表

mode	Unnormalized coefficient		Standardization coefficient	t	Sig
	Estimated value of β	Standard error	β		
1 (constant)	2.587	.218		10.982	.000
Perceptual price	.491	.072	.342	7.338	.000

*p< .10　　**p< .05

（四）路徑分析

路徑分析以了解各個因素之間的直接效果與間接效果的相互關係。

（1）路徑分析圖

依據上述之分析，得知顧客滿意度構面與顧客忠誠度有正向效果的影響；知覺品質、知覺價格兩個構面對顧客滿意度有正向效果；知覺價格直接對知覺品質有正向效果。接下來，將進一步使用路徑分析，了解各個因素之間的直接效果與間接效果的關係。圖1為本研究之路徑分析圖：

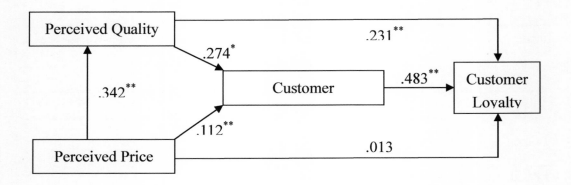

圖1　顧客忠誠度路徑分析圖

（2）直接效果、間接效果與總效果分析

　　由以路徑分析圖1及表15可知，知覺品質對於顧客滿意度有直接效果（direct effect），路徑係數為.274（$p<.05$），同時由於知覺品質與顧客滿意度對於顧客忠誠度亦有顯著的直接效果，因此，顧客滿意度對於顧客忠誠度的影響（$\beta=.483$，$p<.01$），知覺品質對於顧客忠誠度的影響（$\beta=.231$，$p<.01$），知覺品質除了具有直接效果之外，尚有顧客滿意度所中介的間接效果（indirect effect）。

　　對於知覺價格而言，對於知覺品質（$\beta=.342$，$p<.01$）與顧客滿意度（$\beta=.112$，$p<.01$）仍具有直接預測力，但是，知覺價格已無法直接有效預測顧客忠誠度（$\beta=.013$，$p<.01$）。

表十五　NIKE 運動鞋顧客忠誠度路徑分析表

自變項		依變項：內衍變項	
		顧客滿意度	顧客忠誠度
外衍變項			
知覺品質	direct effect	.274	.231
	indirect effect		.132
	total effect	.274	.363
知覺價格	direct effect	.112	.013
	indirect effect		.054
	indirect effect		.045
	indirect effect		.008

自變項		依變項：內衍變項	
		顧客滿意度	顧客忠誠度
	total effect	.112	.12
內衍變項			
顧客滿意度	direct effect	-	.483
	indirect effect	-	-
	total effect	-	.483

*$p<.05$; ** $p<.01$; *** $p<.001$

　　對於間接效果的強度可直接由兩端點變項之間的直接效果標準迴歸係數相乘而得。知覺品質對於顧客忠誠度的間接效果由兩個直接效果所組成，取兩者的迴歸係數相乘得到間接效果，間接效果的顯著水準無法從迴歸分析中直接獲得，必須自行計算，例如：知覺品質→顧客滿意度→顧客忠誠度：.274**.483** = .132，代表每一標準差單位的兩個自變項的變動，對於顧客忠誠度造成的變動量為.132個單位。每一個自變項對於每一個內衍變項的總效果（total effect），可以從路徑模型當中與該自變項與內衍變項有關的所有顯著與不顯著的直接效果與間接效果的迴歸係數加總而得之。

　　以「知覺品質」對「顧客忠誠度」的整體效果分析，取.231（知覺品質→顧客忠誠度）＋.132（知覺品質→顧客滿意度→顧客忠誠度）=.363，代表每一標準差單位的自變項（知覺品質）的變動，對於顧客忠誠度造成的變動量為.363個單位。

　　以「知覺價格」對「顧客忠誠度」的整體效果分析，取.013（知覺價格→顧客忠誠度）＋.054（知覺價格→顧客滿意度→顧客忠誠度）＋.045（知覺價格→知覺品質→顧客滿意度→顧客忠誠度）＋.008（知覺價格→知覺品質→顧客忠誠度）=.12，代表每一標準差單位的自變項（知覺價格）的變動，對於顧客忠誠度造成的變動量為.12個單位。

（3）路徑分析結果解釋

　　以 SPSS 的多元迴歸得到的結果顯示，知覺品質外衍變項能夠有效的被解釋，解釋變異量是顧客忠誠度的.231（$F_{(1,332)}$ =.15.724, $p<.001$）。對於效果分析顯示，「知覺品質」與「顧客滿意度」是「顧客忠誠度」重要的解釋變數，不僅具有直接效果（.231），也具有間接效果。知覺品質間接效果的總和達.132，總效果為.363。

　　知覺品質與顧客忠誠度總效果與原來觀察相關（r =.607）相比，總效果與觀察相關數值非常接近，但是如果沒有考慮間接效果，僅用直接效果來說明知覺品質與顧客忠誠度的關係，會出現明顯的低估的現象。

　　知覺品質、知覺價格兩個外衍變項具有間接效果。兩個外衍變項以「顧客滿意度」為中間效果，亦發現「顧客滿意度」與顧客忠誠度有效的被解釋變異量為（.483**）達顯著水準，兩個外衍變項以「顧客滿意度」為間接效果分別為（.132）、（.054＋.045＋.008＝.107）。

　　另一個值得注意的效果，是「顧客滿意度」對於顧客忠誠度的影響（.483**）具有直接效果，顯示 NIKE 運動鞋顧客忠誠度受到「顧客滿意度」高低有正向關係。「知覺價格」對「顧客忠誠度」的直接效果與間接效果分析發現，「知覺價格」間接效果以知覺價格→顧客滿意度→顧客忠誠度（.112**.483**＝.054）比起其他間接效果都高，表示顧客滿意度越高，越能提昇顧客知覺價格的情形。

四　結論與建議

1.「知覺品質」、「知覺價格」、「顧客滿意度」與「顧客忠誠度」之關係。

　　顧客知覺品質對知覺價格具有正向關連性；顧客滿意對顧客忠誠度有正向關連性；知覺品質透過顧客滿意對於顧客忠誠度有間接效果；知覺價格透過顧客滿意對顧客忠誠度有間接效果，與 Yoo 和 Donthu（2001）研究結果相同。所以，臺北市 NIKE 廠牌的運動鞋經營者，必須先讓顧客感覺 NIKE 運動鞋產品是好的品質，及顧客購買產生滿意度，這兩個條件之下顧客才會產生忠誠度。

　　誠如 Gronholdt 等人（2000）在研究中指出顧客對 NIKE 運動鞋服務品質的認知對顧客忠誠度有正面的影響，而顧客滿意度將會影響顧客選擇 NIKE 運動鞋的購買地點。Gallarza、Gil-Saura 和 Holbrook（2011）研究結果認為品質與顧客滿意度之間，以及顧客滿意度與顧客忠誠度之間呈現顯著的正相關；亦即顧客對 NIKE 運動鞋品質的評價愈高，則其滿意度也就愈高，顧客滿意度越高對購買 NIKE 運動鞋的忠誠度也就愈高。換言之，要提升顧客滿意度，先決條件就是先提升 NIKE 運動鞋的品質，如此一來，才能增加顧客繼續購買的意願。

2.「知覺品質」與「知覺價格」兩者之間相互影響。

　　研究結果得知，「知覺品質」與「知覺價格」對「顧客滿意度」有正向影響，而且，「知覺品質」與「知覺價格」兩者之間，已經在各領域研究中證實具有政相關存在。例如：Kim 等人（2003）認為價格除了是品質水準的指標外，也是購買產品時所必須放棄的知覺貨幣犧牲的指標，此一抵換觀點說明了，當價格較高時消費者所感受到的知覺品質也相對較高。所以，當顧客在知覺 NIKE 運動鞋價錢較高時，對於知覺品質的感受相對地也比較高。Lichtenstein 和 Ridgway（1993）認為價格線索和產品品質水準具有正面的關係，即當產品價格高時表示品質高。高源泉（2010）研究服務品質、知覺價格、顧客滿意度及顧客忠誠度之關連性研究中，證實知覺價格與顧客滿意度成正相

關。雖然 Carlson 等人（2015）發現在知覺價格對顧客滿意和購買意願的關係上，知覺價格透過顧客滿意對再購買意願有顯著的影響，本研究得到的結論符合上述學者的研究結果。

3.從研究結果而言，發現目前臺北市運動鞋市場仍然以 NIKE 為品牌領導者，當然從各方面的行銷策略與通路而言，可發現 NIKE 仍是投入最多。因此 NIKE 業者應不斷創新，產品款式勢必與其他競爭者做好市場區隔，繼續擴充「不同年齡」的消費者。由於學生接受的價格大多在3000元以內，建議 NIKE 降低商品價格或以打折方式，以符合學生購買的能力。

4.經過問卷調查結果發現，由於消費者的需求多變並為了符合目前消費者個性化傾向，對於「客製化」與「限量版」運動鞋銷售的建議，降低客製化的售價與增加限量版的數量。消費者客製化運動鞋顯示消費者的喜好傾向與個性的展現，這些客製化的消費者也是 NIKE 公司需要開發的客源。另外，限量版的數量控制方式，建議可以做以下調整，當季限量版過了一段時間（新款產品推出），將限量版款式推出為普及版。

參考文獻

中文文獻

呂惠富　〈促銷活動對於運動鞋品牌評價及購買意願之影響〉　《休閒暨觀光產業研究》　第3卷第1期　2008年　頁1-14

林永森、林姵伶　〈學生族群對運動鞋的消費決策型態與品牌忠誠度關係之研究〉　《運動休閒管理學報》　第5卷第1期　2008年　頁57-72

紀　遠　《臺北地區連鎖式運動用品店之商店環境、體驗價值與顧客滿意度的關係研究》　輔仁大學碩士論文　2007年

高源泉　《服務品質、認知價值與顧客滿意度關係之研究——以某區域教學醫院醫學美容中心為例》　高雄科技大學碩士論文　2010年

陳靜茹　《體驗行銷、服務品質對顧客滿意度影響之研究：以體驗價值為中介變數》　文化大學碩士論文　2009年

張志堅　《板橋市高中職學生對運動鞋品牌聯想與購買考量因素之研究》　輔仁大學碩士論文　2005年

黃宏春　《運動鞋品牌滿意度與忠誠度調查之研究》　樹德科技大學碩士論文　2011年

英文文獻

Athanassopoulos, A. D. (2000). Customer satisfaction cues to support market segmentation and explain switching behavior. *Journal of Business Research, 47*(1), 191-207.

Bettencourt, L. A. (1997). Customer voluntary performance: customers as partners in service delivery, *Journal of Retailing, 73*(3), 383-406.

Bradley, G., & Sparks, B. (2012). Antecedents and consequences of consumer value: A longitudinal study of timeshare owners, *Journal ofTravel Research, 51*, 191-204.

Carlson, J., O'Cass, A.,&Ahrholdt, D. (2015). Assessing customers' perceived value of the online channel of multichannel retailers: A two country examination.*Journal of Retailing and Consumer Services, 27*, 90-102.

Chen, J. R. (2009). *Exploring the impact of marketing and service quality on customer satisfaction: using experience value as a mediator variable.*Chinese Culture Universityunpublished a master's thesis, TaipeiCity.

Cronin, J. J., & Michael, K. B. (2000). Assessing the effects of quality, value, and customer satisfaction on consumer behavioral intentions in service environments. *Journal of Retailing, 76*(2), 193-218.

Gallarza, M. G., Gil-Saura, I., & Holbrook, R. R. (2011). The value of value: Further excursions on the meaning and role of customer value. *Journal of Consumer Behavior, 10*, 179-191.

Gao, Y. Q. (2010). *Research on the relationship between service quality, cognitive value and customer satisfaction - taking a regional teaching hospital medical beauty center as an example.* National Kaohsiung University of Science and Technology unpublished a master's thesis, Kaohsiung City.

Gordon, H. G. M., & Terrence, L. (2000). Customer satisfaction with services: putting perceived value into the equation. *Journal of Services Marketing, 14*(5), 392-410.

Gronholdt, L., Martensen, A., & Kristensen, K. (2000). The relationship between customer satisfaction and loyalty: cross-industry differences, *Total Quality Management, 11*(4-6), 509-514.

Huang, H. C. (2011). Research on sports shoe brand satisfaction and loyalty survey. Shu-Te University unpublished a master's thesis, Kaohsiung City.

Hume, M., & Sullivan, M.G. (2010). The consequence of appraisal emotion, service quality, perceived value and customer satisfaction on repurchase intent in the performing arts.*Journal of Service Marketing, 24*(2), 170-182.

Ji, Y. (2007). *Research on the relationship between store environment, experience value and customer satisfaction in the chain sporting goods store in Taipei.* Fu Jen University unpublished a master's thesis, New Taipei City.

Keller, K. L. (2001). Building customer-based brand equity. *Marketing Management, 10*(2), 14-19.

Kim, H. B., Kim, W. G., & An, J. A. (2003). The effect of consumer-based brand equity on firms' financial performance, *Journal of Consumer Marketing, 20*(4-5),335-351.

Kim, M. K., Park, M. C., &Jeong, D. H. (2004). The effects of customer satisfaction and switching barrier on customer loyalty in Korean mobile telecommunication services. *Telecommunication Policy, 28*(2), 145-159.

Kotler, P., & Keller, K. L. (2012). *Marketing Management.* Boston MA: Pearson Education.

Lichtenstein, D. R., & Ridgway, N. M. (1993). Netemeyer RG, price perceptions and consumer shopping behavior: A field study. *Journal of Marketing Research, 30*, 234-245.

Lin, Y. S., & Lin, B. l. (2008). The study of the relationship between the student group's consumption decision pattern and brand loyalty. *Journal of Sports and Leisure Management, 5*(1), 57-72.

Lu, H. F. (2008). The impact of promotional activities on sports shoe brand evaluation and purchase intention. *Leisure and tourism industry research, 3*(1), 1-14.

Petrick, J. F. (2002). Development of a multi-dimensional scale for measuring the perceived value of a service, *Journal of Leisure Research, 34*(2), 119-134.

Philipp, E. B., and Lisa, M. (2011). "Perceived value: a critical examination of definitions, concepts and measures for the service industry." Journal of Services Marketing Vol. 25(3): pp. 229 - 240.

Tsiros, M., Mittal, V., & Ross, W. T. Jr. (2004). The role of attributions in customer satisfaction: a reexamination. *Journal of Consumer Research, 31*(2), 476-483.

Yoo, B., Donthu, N., & Lee, S. (2000). An examination of selected marketing mix elements and brand equity. *Journal of the Academy of Marketing Science, 28*(2), 195-211.

Zhang, Z. J. (2005). *Research on the factors related to the association and purchase of sports shoes brand among high school students in Banqiao City*. Fu Jen University unpublished a master's thesis, New Taipei City.

臺灣紙鈔發行與收藏價值之探討

—— 以臺灣銀行代發行之新臺幣為例[*]

江永昌[**]、孔憲臺[***]、侯世傑[****]

摘　要

　　國家發行貨幣主要目的在提供一種可靠安全的支付工具，自1949年起臺灣銀行受命代發行新臺幣2000年為止，發行數十種新臺幣紙鈔印製精美，新臺幣價值穩定廣為民眾接受，貨幣市場流通順利，對臺灣金融貢獻良多。當年為因應金門、馬祖、大陳島等戰地之特別需求，臺灣銀行也曾經發行限定流通這些地區的新臺幣流通券，但數量不多，尤其大陳島更為珍稀，在收藏市場極受歡迎。

　　本文針對臺灣銀行代發行之新臺幣與紙鈔收藏價值之進行探討，紙鈔收藏之價值最主要來自於珍稀，還有其他價值要素，包含面額、保存狀態、市場需求、鑑定保證、紙鈔特殊性等，新臺幣當中也有一些珍稀值得收藏的紙鈔，於本文中分別介紹與評析，期能提供大眾參考。

關鍵詞：臺灣銀行、紙鈔發行、收藏價值、新臺幣

---

[*]　　本文2018年12月21日於臺北商業大學管理學院「2018第十七屆北商大學術論壇～國際經營與管理實務研討會」發表。

[**]　　江永昌：立法委員，國立臺灣科技大學財務金融所 EMBA 研究生。

[***]　孔憲臺：臺灣銀行政風處處長，國立臺灣師範大學政治學研究所博士。

[****] 侯世傑：元智大學通識教學部助理教授。

一 前言

當前全世界絕大多數國家幾乎都是以紙鈔為主要的交易工具，是人們生活不可缺的物品，國家發行貨幣主要目的在提供一種可靠安全的支付工具，自1949年起臺灣銀行受命代發行新臺幣2000年為止，發行數十種新臺幣紙鈔印製精美，新臺幣價值穩定通順利，對臺灣金融貢獻良多，值得深入探討與研究（臺灣銀行，2016）。

紙鈔是各國經濟基礎的基礎，有公信力、通用性，收藏深具價值性、增值的空間，更有藝術欣賞的價值，是一般收藏品無法比較的，臺灣紙鈔市場收藏經過多年的傳遞與發展已有相當基礎與規模，紙鈔收藏之價值最主要來自於珍稀，還有其他價值要素，希望透過研究有更完整的理解（鮑展斌，2015）。

本研究臺灣紙鈔發行與收藏價值之探討，以臺灣銀行代發行之新臺幣為例，先就臺灣銀行代發行新臺幣探討；其次對紙鈔收藏價值進行分析：並對新臺幣具收藏價值之紙鈔加以借介紹與評析。

（一）研究動機

臺灣銀行自1949年起受命代發行新臺幣2000年為止，共發行九十種鈔票，鈔票印製精美，新臺幣價值穩定順利，對臺灣金融貢獻良多，值得深入探討與研究。

（二）研究目的

（一）探討臺灣銀行代發行新臺幣的原因與貢獻。
（二）分析紙鈔收藏價值。
（三）認識具收藏價值之新臺幣紙鈔。

（三）研究問題

探討臺灣銀行代發行新臺幣的原因與貢獻，了解代發行始末，包括其背景與貢獻，分析紙鈔收藏價值要素，評析具收藏價值之新臺幣紙鈔。

（四）研究限制

本文主要在探討臺灣紙鈔發行與收藏價值之探討，以臺灣銀行代發行之新臺幣為例，故僅以1950年至1999年臺灣銀行所代發行之新臺幣紙鈔為本研究探討主軸，其他日

治時期、舊臺幣、試版未發行及2000年後所央行自己發行之新臺幣，並不在本研究之範圍之內。

（五）研究方法

本文研究方法為資料收集及撰寫方法，主要以閱覽相關文獻、期刊、論文以及臺灣銀行資料來理解研究所需之相關知識及素材取得。本文會將新臺幣紙鈔以圖片方式呈現，來輔助認識具收藏價值之新臺幣紙鈔。

二　臺灣銀行代發行新臺幣探討

有關於臺灣銀行代發行新臺幣探討分別就，新臺幣發行背景、臺灣銀行代發行鈔票之歷程、臺灣銀行代發行新臺幣之貢獻，探究如下。

（一）新臺幣發行背景

1946年國共內戰爆發，國民政府大量動員臺灣物資來支援內戰，造成臺灣物資缺乏，也引發供給不足之問題，1948年上海爆發金融危機，法幣大幅度貶值連帶也使舊臺幣幣值大幅貶值，造成臺灣物價水準急遽上揚，1949年大量大陸人口隨國民黨撤退來臺，為了維持軍公教之生活政府只能持續發鈔供應，國民政府大量印製鈔票應付財政支出，臺灣銀行只得不斷加印鈔票支應，造成貨幣供給增加，臺灣的貨幣因此爆增，物資被掏空，於形成嚴重的通貨膨脹，為了彌補預算赤字，主要依靠中央銀行與臺灣銀行進行融通，增加貨幣供給額來支應資金缺口的政策，使臺灣通貨膨脹現象惡化（陳秀夔，1971；王繡雯，1991）。

舊臺幣發行始於1946年5月20日，迄於1949年6月14日止，當時發額已高達527,033,734,425，臺灣銀行所發行的舊臺幣數額極為龐大，但還是不足以供應軍政與行政費用，及生產建設支付之需（林博文，1959）。四年發行數額如下：

表一　舊臺幣發行量

年度	年底止發行量	增加率	註
1946	5,330,592,809		
1947	1,713,326,000	32.14%	
1948	142,040,798,000	8290.35%	

年度	年底止發行量	增加率	註
1949	527,033,734,425	371.04%	6 月14 日止發行

（資料來源：本研究自行整理）

當發生惡性通貨膨脹時，政府透過幣制改革手段來安定經濟，1949年6月15日，臺灣省政府實行幣制改革，頒佈「臺灣省幣制改革方案」、「新臺幣發行辦法」及「新臺幣發行準備監理委員會組織規程」，以此發行新臺幣，規定舊臺幣40,000元折合兌換新臺幣1元。另外為因應金門、馬祖、大陳島等戰地的特殊需要，也曾經發行限定流通這些地區的新臺幣金門、馬祖、大陳流通券，目前則已經取消（夏期岳，1964）。

1956年8月29日中華民國政府司法院大法官《司法院釋字第63號解釋》：妨害國幣懲治條例第3條所稱偽造變造之幣券，係指國幣幣券而言，新臺幣為地方性之幣券，如有偽造變造情事，應依刑法懲罰（陳文忠，1972）。

1961年7月1日中央銀行在臺復業，依照「中央銀行在臺灣地區委託臺灣銀行發行新臺幣辦法」，由中央銀行委託臺灣銀行發行，紙幣上印「臺灣銀行」字樣，法定地位比照國幣，成為今日中華民國的法定貨幣，自1970年12月21日開始，鈔券上印「中華民國」字樣，顯示鈔票之主權（葉裕州，1978）。

（二）臺灣銀行發行鈔票之歷程

臺灣銀行發行鈔票之歷程分別就日治時期、臺幣時期、代發行新臺幣時期等三時期，分別說明如下：。

1 日治時期

臺灣銀行在日治時期稱為株式會社臺灣銀行，最早於1899年（明治32年）開始發行紙鈔，其後在大正及昭和年間也有發行紙鈔，期間歷程及發行鈔票內容分別說明如下（賴國徽，1996；臺灣銀行，2006）。

（1）明治

1899年（明治32年）發行臺灣銀行券，銀券紙鈔包含壹、伍、拾、伍拾圓等四種面額，俗稱龍鳳銀圓券。

1904年（明治37年）發行臺灣銀行券，金券紙鈔包含壹、伍、拾圓等三種面額，俗稱龍鳳金圓券。

（2）大正

1918年（大正4年）發行臺灣銀行券，大正改造紙鈔包含壹、伍、拾、伍拾圓等四種面額。

（3）昭和

1933年（昭和8年）發行臺灣銀行券，昭和甲券紙鈔包含壹、伍、拾、百圓等四種面額。

1942年（昭和17年）發行臺灣銀行券，昭和乙券紙鈔包含壹、伍、拾圓等三種面額。

1944年（昭和19年）發行臺灣銀行券，昭和現地刷紙鈔包含拾、百、千圓等三種面額。

2 發行臺幣時期

1945年政府接收臺灣後，隔年由行政院授權委託臺灣銀行發行的臺幣，1946年所發行臺灣銀行臺幣紙鈔包含壹、伍、拾、伍拾、壹百、伍百圓等六種面額，1948年發行臺灣銀行臺幣紙鈔包含壹千、壹萬、拾萬圓等三種面額（黃亨俊，2002）。

由於1948年上海爆發金融危機，國民政府大量發行貨幣，造成惡性通貨膨脹，政府為解決惡性通貨膨脹問題，實施幣制改革。

3 代發行新臺幣時期

1949年政府為解決惡性通貨膨脹問題，實施幣制改革重估幣值，以四萬元換一元之比例改換發流通新式貨幣，此前發行之臺幣稱為舊臺幣，改革後發行之貨幣即稱之為新臺幣、或僅簡稱為臺幣（袁璧文，1969）。

（1）直式

1949年按臺灣省幣制改革方案及新臺幣發行辦法，政府進行幣制改革，改革後發行貨幣為新臺幣採取了下面四點重要措施（朱傳豪，1966）：

（1）臺灣以前屬於中央政府的公營企業，皆移轉給臺灣省政府；（2）中央政府以黃金及實物償還臺灣銀行之墊款；（3）指撥800000盎斯黃金充貨幣改革基金;（4）省政府借款10000000美元作為對外貿易基金。

此期間之鈔票改為直式發行，發行臺灣銀行臺幣紙鈔包含壹分、伍分、壹角、伍角及壹、伍、拾、壹百圓等八種面額。

（2）橫式

　　按中央銀行在臺灣地區委託臺灣銀行發行新臺幣辦法，自1961年7月起，至2002年6月止，中央銀行在臺灣地區委託臺灣銀行發行新臺幣，適用中央銀行法關於國幣之規定，新臺幣流通區域為臺灣地區，並得加印地名在金門馬祖等外島基地流通，此期間之鈔票改為橫式發行，發行臺灣銀行臺幣紙鈔包含壹角、伍角及壹、伍、拾、伍拾、壹百、伍百、壹千圓等九種面額（臺灣銀行，2016）。

　　有關新臺幣發行年表見表2至表5

表二　臺灣銀行在臺灣本島發行之新臺幣紙鈔

面額	發行年	版別	型式	註
一分券	1949	中印版	直式	
五分券	1949	中印版	直式	
一角券	1949	中印版	直式	
五角券	1949	中印版	直式	
五角券	1973	中印版	直式	
一元券	1949	中印版	直式	
一元券	1952	臺一版	直式	
一元券	1954	臺二版	直式	
一元券	1957	臺三版	直式	
一元券	1961	臺四版	橫式	
一元券	1973	新臺四版	橫式	
一元券	1973	平版臺四版	橫式	
一元券	1974	臺四版	橫式	
五元券	1949	臺一版	直式	
五元券	1950	臺二版	直式	
五元券	1956	臺三版	直式	
五元券	1964	臺四版	橫式	
五元券	1968	新臺四版	橫式	
五元券	1968	臺五版	橫式	
五元券	1970	華一版	橫式	
五元券	1973	華二版	橫式	
十元券	1949	臺一版	直式	

面額	發行年	版別	型式	註
十元券	1951	中印版	直式	
十元券	1955	臺三版	直式	
十元券	1963	臺四版	橫式	
十元券	1968	臺五版	橫式	
十元券	1070	華一版	橫式	
十元券	1974	華一版	橫式	
十元券	1975	華一版	橫式	
十元券	1978	華二版	橫式	
五十元券	1961	中二版	橫式	
五十元券	1965	中三版	橫式	
五十元券	1968	新中三版	橫式	
五十元券	1971	華一版	橫式	
五十元券	1972	華二版	橫式	
五十元券	1999		橫式	塑膠紀念鈔
一百元券	1961	中一版	直式	大花
一百元券	1961	中二版	直式	小花
一百元券	1962	中三版	橫式	
一百元券	1965	中四版	橫式	
一百元券	1968	新中四版	橫式	
一百元券	1971	華一版	橫式	
一百元券	1972	華二版	橫式	
一百元券	1988	華三版	橫式	
五百元券	1980	華一版	橫式	
五百元券	1982	華二版	橫式	
一千元券	1980	華一版	橫式	
一千元券	1982	華二版	橫式	

（資料來源：本研究自行整理）

表三　臺灣銀行在金門發行之新臺幣紙鈔

面額	發行年	版別	型式	註
一角券	1952	中印版	直式	
五角券	1952	中印版	直式	
一元券	1951	未發行	直式	空心金門
一元券	1952	臺一版	直式	
一元券	1963	新臺一版	直式	
五元券	1951	未發行	直式	空心金門
五元券	1956	臺三版	直式	
五元券	1966	新臺三版	直式	
十元券	1952	臺二版	直式	
十元券	1963	新臺二版	直式	
十元券	1975	華一版	橫式	
十元券	1978	華二版	橫式	
五十元券	1967	中一版	直式	
五十元券	1970	外島二版	橫式	
一百元券	1975	華二版	橫式	
一百元券	1979	華二版	橫式	
五百元券	1986	華二版	橫式	
一千元券	1986	華二版	橫式	

（資料來源：本研究自行整理）

表四　臺灣銀行在馬祖發行之新臺幣紙鈔

面額	發行年	版別	型式	註
一元券	1959	臺二版	直式	
一元券	1973	臺二版	直式	
五元券	1959	臺三版	直式	
五元券	1974	臺三版	直式	
十元券	1959	臺二版	直式	
十元券	1964	新臺二版	直式	

面額	發行年	版別	型式	註
十元券	1975	華一版	橫式	
十元券	1978	華二版	橫式	
五十元券	1967	中一版	直式	
五十元券	1970	外島二版	橫式	
一百元券	1975	華二版	橫式	
一百元券	1979	華二版	橫式	
五百元券	1986	華二版	橫式	
一千元券	1986	華二版	橫式	

（資料來源：本研究自行整理）

表五　臺灣銀行在大陳發行之新臺幣紙鈔

面額	發行年	版別	型式	註
一角券	1953	中印版	直式	1955年停兌
五角券	1953	中印版	直式	1955年停兌
一元券	1953	臺一版	直式	1955年停兌
十元券	1953	臺二版	直式	1955年停兌

（資料來源：本研究自行整理）

（三）臺灣銀行代發行新臺幣之貢獻

有關臺灣銀行代發行新臺幣之貢獻，分別就改革幣制、消除惡性通貨膨脹、吸引美援來臺、鈔票調撥回收、維持國民政府統治正統說明如下

1 改革幣制

當發生惡性通貨膨脹時，政府透過幣制改革手段來安定經濟，1949年6月15日，臺灣省政府實行幣制改革，頒佈「臺灣省幣制改革方案」、「新臺幣發行辦法」及「新臺幣發行準備監理委員會組織規程」，以此發行新臺幣，規定舊臺幣40,000元折合兌換新臺幣1元，透過臺灣銀行改革幣制以穩定金融市場（臺灣銀行，2006）。

2 發行準備充足消除惡性通貨膨脹

1949年6月15日，臺灣實施幣制改革，在臺灣銀行發行新臺幣前，規劃以其中80萬

兩作為發行新臺幣的準備金,充實新臺幣信用,黃金的價值相當於新臺幣最初發行總額的110%,另外中央政府又撥出10萬噸的物資,交由臺灣省政府處理,作為臺灣銀行發行新臺幣的另項儲備資金來源消除惡性通貨膨脹(李肇元,1964;張森林,1986)。

3 吸引外資來臺的條件

國民政府於1949年遷臺,臺灣的財政赤字益加嚴重,貨幣融通壓力更上升,外資對臺灣市場信任不足,1950年6月25日韓戰爆發,美國恢復對臺援助,而臺灣也靠新臺幣發行採「最高限額發行制」,限制發行總額為2億元,財政收支得以平衡,並遏止通貨膨脹,取得國際信任,吸引外資來臺灣投資(陳明照,1967)。

4 鈔票調撥回收

臺灣銀行身為中央銀行代理發庫行,每日高達百億元鈔票由臺灣銀行進出,臺灣銀行在全臺建置多個發庫據點,負責資金調撥、鈔券整理、回收等事宜,另外臺灣銀行設有檢券回收機制,主要負責是清點各銀行回籠的新臺幣,鑑定偽鈔、剔除破損鈔票之後,較乾淨的鈔券,會再配送至各銀行,倘若破損程度已到無法再重複使用的程度,就會送回央行銷毀(臺灣銀行,2016)。

5 維持國民政府在臺灣的統治正統性

因為臺灣銀行代發行新臺幣獲得人民信任,商業交易秩序與金融市場穩定,加上鈔票上皆標記發行日期為中華民國,也維持國民政府在臺灣的統治正統性(李肇元,1964;林劭彥,2011)。

三 紙鈔收藏價值之分析

有關紙鈔收藏價值之分析,分別就紙鈔收藏基本概念,及影響紙鈔收藏價值之因素說明如下(周祥,2004;馬傳德,2010):

(一)紙鈔收藏基本概念

收藏紙鈔在入門時,最好先考慮自己的興趣及財力,別無目標的收集,可選擇具有歷史意義、藝術價值之類的紙鈔,可瞭解各國貨幣所發生的歷史背景、藝術的研究及增長知識。紙鈔收藏基本概念分別探討如下

1 發行與收藏來源

紙鈔收藏最重要來源當然是紙鈔發行與印製機構，如臺灣銀行代發行時期之新臺幣，所有的新臺幣都出自臺灣銀行，而紙鈔收藏其他管道包含訪問錢幣社、錢幣拍賣公司、網路錢幣競標、紙鈔展覽交易會、錢幣同好交流等。

2 收藏樂趣

紙鈔收藏之樂趣包含：保值投資、增長見聞與享受研究樂趣、怡情養性、同好間交流成立收藏社團組織、整理紙鈔收藏歸類、錢幣鑑定專業能力、紙鈔紀念與回憶、紙鈔專業出版專刊等。

（二）影響紙鈔收藏價值之因素

1 面值因素

所有的紙鈔本身具有法定價值，例如100美金鈔票至少要3000元臺幣的價值，不會低於面額價格門檻（張惠信，1992）。

2 收藏因素

（1）稀少性

物以稀為貴，此乃所有拍賣品的價格高低的重要關鍵，在紙鈔拍賣品也不例外。如1949年百元大花發行量少，存世量極少，故在紙鈔收藏市場價格不斐（張志中，1996）。

（2）品相（保存狀態）

品相也就是保存狀態是紙鈔拍賣品價格另一要素，紙鈔的新舊、破損、摺疊、汙損、發霉、蟲咬等保存狀態都影響其價格，有時同一種紙鈔因保存狀態不同差價高達數十倍（趙盾，2004）。

（3）鑑定保證

紙鈔拍賣品價格也受到鑑定評級之影響，因為經過鑑定評級無論在真偽、等級都有一定保證，自然價格不同，知名鑑定評級機構如 PMG，鑑定後會用專門的保護盒封裝（侯世傑等，2017）。

（4）變體及特殊號碼

　　紙鈔拍賣品價格也受到紙鈔特殊因素影響，例如錯體、特殊號碼、紀念鈔等，都會影響其收藏市場之價格，例如鈔票因其號碼為888888，大幅增加其收藏價值（謝錫煌，2013）。

3 市場因素

　　拍賣市場之人為炒作，也會影響紙鈔在收藏市場的價格，也是最難掌握的因素。

四 新臺幣紙鈔收藏價值之評析

　　早年幾位收藏之鈔友所提出的「臺鈔八寶」，包含1949年百元大花、1949年百元小花、金門1950年十元雙 Ａ、1953年大陳五角、1953年大陳十元、1954年一元綠色平3、1955年五元平3金門、1955年五元平3等，其中多以特殊字軌、強制回收、短期發行造成其稀少性為主（莊宏彬，2012；簡任賢，2013）。

　　探討新臺幣紙鈔收藏價值，以臺灣銀行代發行之新臺幣來進行評析，較有收藏包括本島、金門、馬祖、大陳等四類，探討如下：

（一）本島

1 一元券1949中印版

圖一　一元券1949中印版

（資料來源：中央銀行，1998年）

2 五元券1949臺一版

圖二　五元券1949臺一版

（資料來源：中央銀行，1998年）

3 十元券1949臺一版

圖三　十元券1949臺一版

（資料來源：中央銀行，1998年）

4 一百元券 1961 中一版大花

5 一百元券 1961 中二版小花

圖四　一百元券1961中一、二版大花

（資料來源：中央銀行，1998年）

（二）金門

1 一元券1951未發行空心金門

圖五　一元券1951未發行空心金門

（資料來源：莊宏彬，2012年）

2 五元券1951未發行空心金門

圖六 五元券1951未發行空心金門

（資料來源：莊宏彬，2012年）

3 十元券1950臺二版 AA

圖七 金門十元券1950臺二版 AA

（資料來源：莊宏彬，2012年）

（三）馬祖

1 五十元券 1967 中一版

圖八　馬祖五十元券1967中一版

（資料來源：中央銀行，1998年）

（四）大陳

1 一角券1953中印版

2 五角券1953中印版

3 一元券1953臺一版

4 十元券1953臺二版

圖九　大陳一角券、五角券、一元券、十元券1953中印版

（資料來源：中央印製廠，2008年）

五　結論

臺灣銀行自1949年起受命代發行新臺幣2000年為止，共發行九十種鈔票，鈔票印製精美，新臺幣價值穩定順利，對臺灣金融貢獻良多，有關臺灣銀行代發行新臺幣之貢獻，包含改革幣制、消除惡性通貨膨脹、吸引美援來臺、鈔票調撥回收、維持國民政府統治正統等。

國家發行貨幣主要是提供可靠安全的支付工具，因此紙鈔印製、設計及防偽都要相當周密，從主題圖案的設計、製版、印刷，在達成完美的境界才會正式發行問世，可說是集高度智慧與科技的產物。

臺灣銀行受命代發行新臺幣2000年為止，發行數十種新臺幣紙鈔印製精美，新臺幣價值穩定廣為民眾接受，貨幣市場流通順利，對臺灣金融貢獻良多。當年為因應金門、馬祖、大陳島等戰地之特別需求，臺灣銀行也曾經發行限定流通這些地區的新臺幣流通券，但數量不多，尤其大陳島更為珍稀，在收藏市場極受歡迎。分析紙鈔收藏價值要素，因為大部分鈔票有號碼，因此每一張紙鈔都有獨有的身份證明，其收藏永遠不會被時代的潮流所淘汰，也是收藏品中最有保障的。

參考文獻

中央印製廠 《中央印製廠遷臺60週年——歷年印製鈔券圖輯》 臺北市 中央印製廠 2008年

中央銀行 《臺幣‧新臺幣圖鑑》 臺北市 中央銀行發行局 1998年

王繡雯 《新臺幣改革之分析》 國立臺灣大學政治研究所碩士論文 1991年

朱傳豪 〈臺灣貨幣發行紀要〉 《臺灣銀行季刊》 第17卷第4期 1966年 頁160-190

李肇元 〈貨幣發行制度與價值法則〉 《中國會計》 第11卷第8期 1964年 頁17-19

周 祥 《紙幣》 上海市 上海書店出版社 2004年

林卲彥 《新臺幣圖案的歷史意義——以鈔票為例》 中國文化大學史學系碩士論文 2011年

林博文 〈新臺幣發行制度〉 《中國會計》 第6卷第5期 1959年 頁20

侯世傑等 《臺灣文物收藏拍賣業之現況與展望——以紙鈔拍賣為例》 2017文創產業發展與文創人才培育論壇 頁123-148 2017年

夏期岳 〈新臺幣發行十五週年看臺灣經濟〉 《貿易週刊》 第25期 1964年 頁3-4

袁璧文 〈臺灣之貨幣發行〉 《臺灣銀行季刊》 第20卷第1期 1969年 頁27-65

馬傳德 〈泉壇紳士——張璜先生（1909~1984）〉 《臺北市集幣會刊》 第34卷 2010年 頁13-19

張志中 《中國紙幣》 天津市 天津古籍出版社 1996年

張惠信 《中國貨幣傳奇》 臺北市 可築書房 1992年

張森林 〈鈔票發行之管理——準備制度〉 《中國會計》 第33卷第5期 1986年 頁23-26

莊宏彬 《臺灣錢幣目錄》 高雄市 東南集郵社 2012年

陳文忠 〈臺幣發行之時代背景〉 《中國會計》 第19卷第7期 1972年 頁10-11

陳玉瑛 《臺灣民眾之意識形態與對新臺幣鈔券圖像主題認同度關係之研究》 世新資訊傳播學研究所碩士論文 2007年

陳秀夔 〈新臺幣發行增長之研究〉 《逢甲學報》 第4期 1971年 頁237-280

陳明照 〈中央銀行統一鈔票發行之演進及優點〉 《中國會計》 第14卷第9期 1967年 頁18-19

黃亨俊 〈臺灣銀行舊臺幣發行史〉 《國家圖書館館刊》 第91卷第2期 2002年 頁93-104

葉裕州　〈新臺幣發行大鈔之可行性分析〉,《經濟論壇》　第3卷第2期　1978年　頁7-12

臺灣銀行　《臺灣銀行七十年》　臺北市　臺灣銀行　2016年

臺灣銀行　《臺灣銀行六十年》　臺北市　臺灣銀行　2006年

趙　盾　《鈔海攬勝》　廣西　廣西錢幣學會　2004年

潘達貴　《上海貨幣史》　上海市　上海人民出版社　2004年

賴國徵　〈新臺幣發行與臺灣經濟發展之關係〉　《源遠學報》　第8期　1996年　頁67-80

鮑展斌　《實用收藏學》　浙江　浙江大學出版社　2015年

謝錫煌　〈各種趣味號鈔的收藏與見解〉　《臺北市集幣會刊》　第36期　2013年　頁56-62

簡任賢　〈2013~2014年錢幣市場回顧與趨勢分析〉　《臺北市集幣會刊》　第36期　2013年　頁7-10

論臺灣清代諺語的特性與修辭

劉詩敏

摘　要

　　諺語是民間生活的智慧結晶及經驗累積，有口語性、延續性、傳承性、教育性、文學性等特點，是了解先民社會生活最好的材料。本文探討清代諺語特性及修辭，了解清代諺語除精闢簡潔外，其廣泛流傳於民間，具教化人性的特質，不但是活歷史，也是活文學。用文字傳達出一幅生動的社會景象，意象鮮明引人入勝，讓人過目不忘，印象深刻。

關鍵詞：清代、諺語、特性、修辭

一 前言

　　「有唐山公，無唐山媽」這句諺語，是大家認識臺灣清代歷史最熟悉也最耳熟能詳的，簡炯仁曾藉由這句諺語，探討清代福建廣東的人口壓力與臺灣移民的浪潮，並提到「羅漢腳」社會形成，以及老芋的經驗「來去允有某」。檢視目前研究臺灣清代歷史、課程等書籍，多會運用清代臺灣諺語加深學習的印象，且可生動地呈現當時社會狀況。[1] 本文藉由對清代常用諺語修辭的探討，了解諺語如何重新呈現生動鮮活的社會景象外，並探討其臺灣諺語所具備的特性，

二 臺灣清代諺語

　　黃絢親認為臺灣諺語是先民生活經驗與智慧的結晶，它蘊含了深刻的人生哲理，值得人們細細品味。尤其運用在教學上更能收事半功倍之效。因為諺語結構勻稱，又具有聲韻之美，讀來趣味十足，令人會心一笑，能使學生在快樂中學習，加深記憶。老師若能適時運用教學情境講個俗語，讓學生思考，對孩子人生觀的指引，必有意想不到的成效。[2]、陳主顯在《台灣俗諺語典》提到：「諺語，流行在一般社會大眾之間，具有相當固定形式，現成的口頭語，並且含有完整的概念，用來表達特定族群，典型的社會經驗。」[3]臺灣諺語不只是流傳於民間的歇後語、玩笑話，更有其文學價值及教育意義。

　　本文擇選今日教育體系常用的臺灣諺語，這些諺語多有其歷史的、文學的、生活的教育意義，在各層級教育體系有所運用，可見其重要性，所選諺語如下：

> 唐山過臺灣，心肝結歸丸
> 解析：閩粵移民為了改善艱苦貧困的生活，抱著萬般無奈的心情，搭上偷渡的船隻來臺，形容渡臺者的緊張憂慮。
> 背景：清代實施海禁政策因此很多人需偷渡來臺，加上渡過黑水溝凶險，來臺風險很高相當危險。

> 六死三留一回頭
> 解析：指有十個人在抵達臺灣前，平均有六個人會死在風浪裡，三個人渡臺成功而留下，一個人船才開出去不久，就會因風浪太大而回頭，形容偷渡移民來臺的

---

1 簡炯仁：〈「有唐山公，無唐山媽」——兼談「台灣人」的形成〉，《臺灣風物》，第43卷第2期，1993年，頁85-96。

2 黃絢親：〈台灣諺語的結構與教學運用〉，《國文天地》，2005年，頁74-77。

3 陳主顯：《台灣俗諺語典》（臺北市：前衛出版社，2000年），頁 25。

辛苦。

背景：從中國來臺要渡過黑水溝，相當危險

過番剩一半，過臺灣無底看

過番指南洋，去南洋的人常只有一半的人可以生還；可是到臺灣去的前途未卜，根本無法預知。

背景：明鄭和下西洋後，開始有許多東南沿海的人移居南洋。但清代的海禁政策加上黑水溝凶險，可見當時來臺風險很高。

第一好過番，第二好過臺灣

明清之際，福建廣東地狹人多，土地貧瘠，東南沿海人民多往海外發展。

背景：明清以後因政策關係導致人多田少，許多東南沿海人民移民到外地。

三年官，兩年滿

解析：清代臺灣官吏腐敗。

背景：清代為了避免被派到臺灣的官員及士兵與臺灣的不法份子相勾結，規定官吏任期以三年為限，期滿即調回大陸，而且駐臺官吏不准攜帶眷屬，變相的以其留在大陸的家屬作為人質，因此來臺灣官利多無心治理臺灣，只想等任期結束回到大陸。

法律百百條，不值黃金一條

解析：為了阻止更多沿海人民來臺，清朝政府制定了渡臺禁令，但有時執行並不嚴謹，仍有許多人選擇賄賂官員以求順利渡臺。

背景：清代雖然有海禁政策，但常常疏於管理，時緊時鬆。

三年一小反，五年一大反

解析：清代臺灣民變頻繁，大大小小的變亂多達近百次，最嚴重的有康熙年間的朱一貴事件，乾隆年間的林爽文事件，同志年間的戴潮春事件。

背景：清代治臺政策造成官吏無心經營，常常官逼民反，造成民變頻繁。

仙拚仙，拚死猴齊天

解析：指兩強相爭，結果危及無辜的第三者，就好像神仙鬥法，孫悟空跟著倒楣。

背景：清代械鬥只要起於經濟因素，包含田地、水利、地租等現實生活利益而起

爭執，也有因為職業利益的爭奪而起衝突。臺灣在清代大約發生過60次左右的大規模械鬥，要到到19世紀中期後，才漸漸平息。（頂下郊拚：艋舺到大稻埕）

一府二鹿三艋舺
解析：清領前期最主要的三個工商港口，鹿耳門、鹿港、艋舺。
背景：清代將臺灣納入版圖後設的對渡正港是鹿耳門，後因進出不敷需求，增加鹿港及八里坌為兩正口，但隨著臺北盆地的開發八里坌轉移到艋舺。

有唐山公，無唐山媽
解析：清代臺灣渡海來臺漢人性別比例男多女少，娶妻困難
背景：清代初期為防臺而治臺，只限單身男子來臺

番兒至老無妻
解析：清領時期來臺的唐山公，多娶了平埔族的女性為妻，造成男女比例失衡，原住民男子老了無妻可娶。
背景：因漢人大量來臺，加上渡臺禁令的實施，原住民生存空間受壓迫，又因漢人男性多娶平埔族女子，造成此現象。

娶著某大姊，較贏坐金交椅
解析：某就是牽手，即妻子。清代臺灣喜找年紀較大的女子為妻，既懂事又能幫忙做事，增加人力。
背景：清代渡臺禁令造成男女比例失衡，因此說娶妻就算娶到比自己年紀大一點的，也是很好的事。

一個某卡贏三仙天公祖
解析：清代臺灣渡海來臺漢人性別男多女少，娶妻困難。
背景：清代渡臺禁令造成男女比例失衡，結婚不易。

紅柿上樹頭，羅漢腳目屎流
解析：羅漢腳指早期尚未結婚的單身漢，又四處遊蕩的流民。當時由於清代實施海禁，渡臺的男人不可攜家帶眷到臺灣，每當秋風吹起，柿子成熟時，這些羅漢腳，常會因悲憐身世而流淚。
背景：清代渡臺禁令造成只有單身男子來臺，每逢佳節倍思親。

從揀選的臺灣清代諺語可知這些諺語是為人民所創造有其群眾性，用字精闢簡潔有其文學性，同時又廣泛流傳於民間有其口語性，不但是研究清代臺灣社會生活的重要素材，更具有相當程度的教育功能。

朱介凡也提出除了學校教育外，尚有鄉土、社會、行業等多方面，可見諺語具有多方的教育功能。諺語，代表公眾意見，並非個人的獨斷，所以引用出來，易使聽者接受。而它又是從世俗義理出發的，凡是生活經驗愈豐富的人，愈能體察諺語的意義。這是為什麼學問愈高，其接受諺語的程度也愈深的緣故。[4]因此，諺語不但在教育上扮演著重要的功能，更有其多面向的意義。

三 臺灣清代諺語的特性

諺語又可稱為俗語、俚語、師傅話、俏皮語、歇後語、成語、熟語等，是人類生活智慧的累積，廣泛流傳於社會大眾間。通俗易懂，可教化人性是社會的行為標準，且雅俗共賞又是文學美學的呈現。

1 口語性：唐山過臺灣，心肝結歸丸

清代臺灣社會上教育不普及，尤其在渡臺禁令的限制下，渡海來臺者多為單身男子，而來臺就重要的目的就是開疆闢土，得到一份安身立命的田產。在教育不普及的狀況下，來臺漢人多用口耳相傳的方式將當時的諺語一代代的傳下去，因此當時的諺語多又順口溜的特性，讓人琅琅上口，易於記誦。如「唐山過臺灣，心肝結歸丸」就是用順口溜的方式，讓人體會渡海來臺的緊張與辛苦。

2 延續性：

諺語多非一時一地一人之作，而是受到時間的淬鍊，跨越數個時代、數種族群，所得到的經驗累積及智慧結晶，代代相傳，以此警世或勸世。，如「第一好過番，第二好過臺灣」的過番是中國東南沿海地區從明代就開始的民間下南洋行動，到清領時期的渡海來臺，可看出時間在諺語中留下的軌跡。

3 傳承性：過番剩一半，過臺灣無底看

諺語的形成不但非一時之作，是先民生活的點滴，也是經驗的傳承。因此出現這樣的諺語，借用諺語的傳承力量，將寶貴的經驗代代傳承下去。如「一個某卡贏三個天公

4　朱介凡：《中國諺語論》（臺北市：新興書局，1964年），頁192。

祖」，就是用前人的血淚換取來的教訓。因渡來禁令的實施，讓當時渡海來臺的單身男性娶妻困難，但傳統儒家重視人倫的思想，仍可見於清代諺語中，因此出現這樣的諺語，借用諺語的傳承力量，將寶貴的經驗代代傳承下去。從中也可看出中國人傳統的人倫思想，就算離開故土，結婚生子傳承家族血脈，依舊是人生中的重要大事。

4 教育性：

中國傳統受教育者主要是士人階層，與當時冒著生命危險渡海來臺的單身羅漢腳階層完全不同，當時的社會狀況多以武力解決問題導致社會動盪不安，在諺語「仙拚仙，拚死猴齊天」即可知。當時羅漢腳多以械鬥方式解決族群或利益上的不合，往往造成社會動盪波及無辜的第三者，就算來可以72變的齊天大聖，也無法解決。希望大家可以記取教訓，不要再用武力的方式解決問及，可見當時社會運用諺語達到教化人心的目的。

5 文學性

諺語往往言簡意賅，看似通俗，卻運用與多文學的修辭技巧，使語句令人朗朗上口，卻又意欲深遠。尤其是俏皮話與歇後語，利用譬喻的特性，包藏深層結構的隱喻。因此諺語語句簡單卻凝練，具備相當程度的文學價值。如「六死三留一回頭」就利用譬喻、類疊及映襯的手法，簡潔的表達出當時渡海來臺的辛苦及危險。

四 臺灣清代諺語的修辭

亞里斯多德《修辭學》認為修辭在任何既存的情形下，觀察並施行有效的勸說手段能力。[5]黎運漢、張維耿《現代漢語修辭學》認為修辭就是在特定的語言環境下，選取洽當的語言形式，表達一定的思想內容，以增強表達效果的言語活動。[6]陳望道在《修辭學發凡》：修辭原是達意傳情的手段，主要的為意與情，修辭不過是調整語辭使達意傳情能夠適切的一種努力。[7]陳介白的《新著修辭學》：修辭學是研究文辭知如何精美的表出作者豐富的情思，以激動讀者情思的一種學術。黃慶萱《修辭學》中提到修辭學是研究在不同的語境下，如何調整語文表意的方法，設計語文優美的形式，使精確而生動地表達出說者或作者的意像，期望引起讀者之共鳴的一種藝術。[8]因此，修辭學不但使文辭優美，更能激起讀者共鳴，使語辭更加生動。

---

5 亞里斯多德：《詩學》，《修辭學》（上海市：上海人民出版社，2016年）。

6 黎運漢、張維耿編著：《現代漢語修辭學》（臺北市：書林書店，1981年）。

7 陳望道：《修辭學發凡》（上海市：復旦大學出版社，2011年）。

8 黃慶萱：《修辭學（三版）》（臺北市：三民書局，2010年）。

1 譬喻

黃慶萱認為譬喻是一種借彼喻彼的修辭法，凡二件或三件以上的事物中有類似之點，說話、作文時運用「那」有類似點的事物來比方說明「這」件事物的，就叫「譬喻」。[9]它的理論架構是建立在心理學的「類化作用」的基礎上─利用舊經驗引起新經驗。通常是以易知說明難知；以具體說明抽象。使人在恍然大悟中驚佩作者設喻之巧妙，從而產生滿足與信服的快感。故「唐山過臺灣」、「六死三留一回頭」、「法律百百條，不如黃金一條」、「仙拚仙，拚死猴齊天」、「有唐山公，無唐山媽」、「娶著某大姊，較贏坐金交椅」、「一個某卡贏三仙天公祖」等，多有用譬喻的手法，更鮮活的呈現當時的社會景象。

2 借代

黃慶萱指借代是在談話或行文中，放棄通常使用的本名或詞語不用，而另指其他與本名密切相關的名稱或語句來代替。除了使文辭新奇有趣之外，還可以凸顯事物的特徵，使要表達的本意更為適切、細膩、深刻。[10]「唐山過臺灣」、「有唐山公，無唐山媽」的唐山就是借代大陸；「過番剩一半，過臺灣無底看」的過番是借代南洋；「仙拚仙，拚死猴齊天」仙是指械鬥的組群；「番兒至老無妻」番兒是借代原住民；「紅柿上樹頭，羅漢腳目屎流」羅漢腳是指早期未結婚的單身漢。這些不用本詞的借代激起新穎的刺激使語文更加具體貼切了。

3 層遞

舉凡有排列的詞或語句有大小輕重比例，依序層層遞進的，就是層遞。「六思三留一回頭」、「第一好過番，第二好過臺灣」、「三年官，兩年滿」、「三年一小反，五年一大反」「仙拚仙，拚死猴齊天」「一府二鹿三艋舺」。黃慶萱認為層地的形式同樣是受控制有方向的，恰好滿足人類的邏輯思維，於是神經活動因省力而產生快感。因此層遞藉由上下的規律，有利於讀者了解與記憶，同時滿足邏輯思維的快樂，讓人印象深刻。

4 類疊

黃慶萱提到同一個字、詞、語、句，或連接，重複地使用著，以加強語氣，使講話行文具有節奏的修辭法，叫作「類疊」。[11]「六死三留一回頭」、「過番剩一半，過臺灣無底看」「法律百百條，不如黃金一條」、「三年一小反，五年一大反」等俚語，就是利

9　黃慶萱：《修辭學（三版）》（臺北市：三民書局，2010年）。

10　黃慶萱：《修辭學（三版）》（臺北市：三民書局，2010年）。

11　黃慶萱：《修辭學（三版）》（臺北市：三民書局，2010年）。

用類疊的手法，反覆出現某些語詞，激起讀者的共鳴。

5 映襯

語句中將相反的或不同的觀念貫穿起來，相互陪襯使語氣更有意義就是映襯。黃寶萱認為映襯有客觀因素在於人性內在和宇宙內在的矛盾。映襯的主觀是人類的「差異覺閾」，人類對於不同程度的兩種刺激，先後或同時出現時，只要其間的差異，達到某種程度，便能加以辨別，差異覺閾或與參照刺激的強度，成一定比。在客觀上人性跟宇宙都存在許多矛盾；在主觀上，人的差異覺閾有足以辦這些矛盾，因此反映在文學作品中，將矛盾排列在一起，映襯成趣。[12]在俚語中「六思三留一回頭」、「有唐山公，無唐山媽」、「一個某卡贏三仙天公祖」等，就是應用映襯的手法，增強大家的記憶與情感，讓文字呈現更多溫度。

6 誇飾

誇飾，顧名思義即是用超乎事實的字句，加深讀者的印象，使情意或語意更加鮮明。黃慶萱認為誇飾的主觀因素是作者要「出語驚人」；客觀因素是讀者的「好奇心理」。[13]「過番剩一半，過臺灣無底看」就是用這樣的手法惹人注意，對渡臺的困難留下深刻的印象。

7 排比

排比是三個或三個以上同樣結構的語句，所表達的同性質意象。最好的例子就是「一府二鹿三艋舺」，用規律地接連出現，增強大家的印象。

從上面探討的修辭手法所製成的修辭手法統計表如下：

修辭手法統計表

編號	修辭	次數
1	譬喻	7
2.	借代	6
3.	層遞	5
4.	類疊	4
5.	映襯	3

---

12 黃慶萱：《修辭學（三版）》（臺北市：三民書局，2010年）。
13 黃慶萱：《修辭學（三版）》（臺北市：三民書局，2010年）。

編號	修辭	次數
6.	誇飾	1
7.	排比	1

　　從上述修辭手法統計表，可知道譬喻手法使用最多次，為7次，譬喻是用舊經驗喚起新經驗，使語句生動鮮明，讓人印象深刻，故在諺語上使用，不但便於記誦且貼近人心。借代手法使用6次，借代是用隱晦的藝術拋棄本名，使文字有含蓄之美卻無犯忌之誤，給人無限想像的空間。層遞手法使用5次，層遞是運用秩序漸層的美感，有變化又有秩序地引人注意。類疊手法使用4次，類疊是運用聲韻節奏產生音樂上的美感。映襯手法使用3次，映襯是將相反的對比形成鮮明的印象，讓人印象強烈。誇飾手法使用1次，誇飾是用誇張的描述將意象心聲銳利的呈現出來。排比手法使用1次，排比的和諧使文句更為優美。

　　諺語運用了不同的修辭技巧，生動描寫出清代社會情況，易於貼近當時生活景象，激起共鳴，更成為臺灣文學或歷史的活教材，有利於學習者學習清代臺灣文化，其重要性不容小覷。

五　結語

　　臺灣清代諺語具有語言、教育、文化、等多重功能。在語言上學生可了解漢語語音的詞彙及修辭；在教育上可了解清代臺灣歷史的樣貌；在文化上可傳承臺灣的社會文化。這與諺語具備口語性、延續性、傳承性、教育性、文學性等特性外，臺灣清代諺語所使用的修辭手法，也讓諺語快速且悠久的流傳在民間社會至今。諺語是民間對生活長期累積的體悟與經驗的傳承，不但包含文化的多元性，運用的多重修辭的手法，便於吟誦與傳播外，更有豐富的文學之美，所蘊藏的文化價值與人生哲理，更展現出漢人堅韌的生命力。因此解析諺語的特性及修辭後，理解其如何生動傳達作者澎湃的情感，使諺語能口耳相傳至今，除展示出臺灣文化的多元性，也成為今日歷史的活教材。

參考文獻

專書

亞里斯多德　《詩學》　《修辭學》　上海市　上海人民出版社　2016年

陳望道　《修辭學發凡》　上海市　復旦大學出版社　2011年

黃慶萱　《修辭學（三版）》臺北市　三民書局　2010年

鄭頤壽　《辭章學新論》　臺北市　萬卷樓圖書公司　2004年

鄭頤壽　《辭章學導論》　臺北市　萬卷樓圖書公司　2003年

臺灣總督府編　《臺灣俚諺集覽》　臺北市　南天書局　2001年

黎運漢、張維耿編著　《現代漢語修辭學》　臺北市　書林書局　1981年

傅隸樸　《修辭學》　臺北市　正中書局　1969年

陳主顯　《台灣俗諺語典》　臺北市　前衛出版社　1997年

李　赫　《臺灣諺語的智慧》臺北市　稻田出版公司　1995年

期刊

簡炯仁　〈「有唐山公，無唐山媽」──兼談「台灣人」的形成〉　《臺灣風物》　第43卷第2期　1993年　頁85-96

黃絢親　〈台灣諺語的結構與教學運用〉　《國文天地》　2005年　頁74-77

論李白〈聽蜀僧濬彈琴〉的弦外之音

諶寶珠[*]

摘要

　　孫紹振解讀學，從創作論進入，與一般解讀學的「讀者與作品對話」不同，其文本解讀是「作者與作品對話」──站在創作，尤其是創作過程的角度解讀文本，據此觀點，孫紹振文本解讀學建構了揭示創作奧秘的兩大角度、層面的十二法具體解讀文本。本文運用此兩大角度、層面的十二具體解讀法，論述李白〈聽蜀僧濬彈琴〉一詩的弦外之音。

　　自古以來，「知音」是「可貴」卻「難得」的矛盾缺憾，往往令人不勝唏噓，李白的〈聽蜀僧濬彈琴〉，是一首以「知音」為母題的音樂詩，李白在詩中，藉著描寫個人聽琴的主觀的感受，把渴望「知音」的情思，寄託在歌詠悠揚琴音與雋永友誼之中。這首詩是李白五十三歲之時的創作，李白在人生已過半百、嚐過人生辛酸之後，由於個別的人生經驗，詩中所化用的「霜鐘」、「高山流水」的知音典故的原型，除了原有的「知音」意涵，又賦予另一層「伯樂」之意涵。

關鍵詞：解讀學、李白、知音、音樂詩

---

* 諶寶珠：臺北市明德國民中學國文教師。東吳大學中文系博士班研究生。

一 前言

孫紹振解讀學，從創作論進入，以揭示創作奧秘為核心，與一般解讀學的「讀者與作品對話」不同，其文本解讀是「作者與作品對話」──站在創作，尤其是創作過程的角度解讀文本，據此觀點，孫紹振文本解讀學建構了揭示創作奧秘的兩大角度、層面的十二法具體解讀文本，兩大角度分別是創作角度與解讀角度，創作角度所涵蓋的層面有：三維法、三層法、藝術形式法、錯位法、感覺法、關鍵詞語法；解讀角度所涵蓋的層面有：還原法、替換法、矛盾法、專業化解讀法、比較法、作者身分法。這十二層面法，雖然無法完全涵蓋創作的全部理論，卻是能具體操作的解讀法。本文運用此十二層面法中的若干法，解讀李白〈聽蜀僧濬彈琴〉一詩的奧秘。孫紹振說，要揭示文本隱性的密碼，就得把文本還原到歷史語境中，要將微觀個案與宏觀的歷史結合，職是之故，本文以文本為中心，再結合李白的相關文獻梳理，探抉詩人經歷人生長期漫遊、仕進無門，以及「賜金放歸」的仕途失意之後，詩中所化用的「霜鐘」、「高山流水」的知音典故的原型，除了原有的「知音」意涵，已經增加「伯樂」之意涵。

《禮記·樂記》云：「詩，言其志也；歌，咏其心也。」[1]詩與音樂，以不同的形式抒發情感，唐代詩人以作為抒情的詩歌體裁，從不同角度描寫音樂相關內容，寫就內蘊豐富的音樂詩[2]，詩人對音樂的感受比常人更深刻，由音樂引發的情思比一般人更強烈，白居易以「大珠小珠落玉盤」，精準而形象化描寫琵琶的樂聲；范仲淹的「羌管悠悠霜滿地」，寫出邊塞的蒼涼，樂聲加上詩的抒情性，所表達的情感意象更鮮明。以樂入詩，起源甚早，而唐朝由於社會風氣開放、與胡人往來頻繁、經濟繁榮等政治、經濟、文化諸多客觀條件的孕育之下，文學與音樂結合之作更多。

李白的〈聽蜀僧濬彈琴〉，是一首歌詠音樂的詩，以五律的體裁表現「知音」的母題，藉著描寫他個人聽琴的主觀的感受，將抽象的琴聲，透過聯想、通感、化用典故、側寫、烘托等手法，寫出彈琴者琴藝之精妙、琴音的清越悠揚、聽琴者的沉醉與友誼的雋永，也表達詩人對知音的渴望，本文以李白的音樂詩──〈聽蜀僧濬彈琴〉為核心，以孫紹振解讀學的兩大角度、層面的十二法具體解讀法，探抉這位謫仙人在歌詠音樂中所傳達的「弦外之音」。

---

1 〔清〕孫希旦撰：《禮記集解》（臺北市：文史哲出版社，1988年10月），頁1006。

2 本文「音樂詩」的定義為：「所謂音樂詩，係指唐代以詩歌為描寫形式，以音樂為書寫內容之作品，其範圍包括描寫樂器、樂曲、演唱者、音樂形象、聞樂之感、音樂典故、樂律、樂制、音樂類型等。凡是非以音樂為創作主旨，偶於詩中涉及音樂詞語者，皆不宜列屬『音樂詩』。」引文參見孫貴珠：《唐代音樂詩研究》（國立臺灣師範大學國文研究所博士論文，2006年），頁31-32。

二　琴音悠揚友誼雋永

> 蜀僧抱綠綺，西下峨眉峰。為我一揮手，如聽萬壑松。
> 客心洗流水，餘響入霜鐘。不覺碧山暮，秋雲暗幾重。[3]

　　首聯「蜀僧抱綠綺，西下峨眉峰。」寫蜀僧來自四川峨眉山，第一句扣題目的「蜀僧」及「琴」。「綠綺」原是天下名琴，[4]峨眉則是四川佛教名山，來自峨眉山的高僧，手抱天下名琴，翩然而至，出場的氣勢即不同凡響，這是以李白的視角來描寫，寫蜀僧為李白所表現的盛情，以烘托兩人之間的深厚情誼，蜀僧從峨眉山遠道而來，因「遠道」顯出「來之不易」，因「來之不易」顯出盛情，有朋自遠方來，這份情誼自是難得，綠綺是名琴，珍稀之物，輕易是不示人的，而今抱綠綺來，更深化這份情誼，這二句以蜀僧所來之地的遠、所攜之物的名貴，烘托兩人之間的深厚情誼。將這二句與杜甫〈客至〉的「花徑不曾緣客掃，蓬門今始為君開」做比較，杜甫自注「喜崔明府相過」，杜甫身為主人，因為喜客而有掃花徑、開蓬門的動作，以主人不輕易延客，烘托對客人竭誠歡迎，流露兩人之間深厚的情誼，點出「喜客」之主題，這是以主人，寫詩者的盛情烘托兩人之間的濃厚情誼；而李白，這位詩人，藉著描寫蜀僧濬的盛情，表現兩人之間深厚的情誼，不同的描寫角度，有異曲同工之妙。

　　峨眉山是蜀地第一勝山，李白自己說「蜀國多仙山，峨眉邈難匹」，峨眉山之所以非它山可以比，除了山勢高，也與它是佛教聖山有關，仲濬公是高僧，以峨眉山烘托他的形象，相得益彰，這是第一層含意；再者，峨眉在蜀，蜀地是李白少生長的地方，是他的故鄉，他年少時二度上峨眉山，因此，峨眉山的另一層含意是故鄉，遠從故鄉來的友人，於是就有「他鄉遇故知」的喜悅。

　　首聯對人物形象的描寫，李白用綠綺與峨眉山襯出蜀僧濬的氣勢，孟浩然也有一首寫聽知己好友彈琴的詩──〈聽鄭愔彈琴〉：

> 阮籍推名飲，清風坐竹林。半酣下衫袖，拂拭龍唇琴。
> 一杯彈一曲，不覺夕陽沉。余意在山水，聞之諧夙心。[5]

孟浩然經營人物的形象，卻是藉描寫尋常生活的動作來烘托，前兩句先寫鄭愔坐在竹林

3　〔清〕王琦注：《李太白全集》（北京市：中華書局，1977年9月），頁1129。

4　「傅玄《琴賦序》：「齊桓公有鳴琴曰『號鍾』，楚莊有名琴曰『繞梁』，司馬相如『綠綺』，蔡邕有『焦尾』，皆名器也。」引文參見〔南朝宋〕范曄著、楊家駱編：《新校本後漢書并附編十三種四》（臺北市：鼎文書局，1999年），卷84，頁2005。

5　〔唐〕孟浩然著，佟培基箋注：《孟浩然詩集箋注》（上海市：上海古籍出版社，2000年），頁61。

下飲酒，清風徐徐，非常閒適自在，自然而然帶出第三、四句的用衣袖拂琴的動作，半酣之時，率性自然的用衣袖拂拭琴，有兩層涵義，首先，因酒酣而有「下衫袖拂拭龍唇琴」的動作，這是尋常人會有的動作，臨時想要擦拭東西，一時之間找不到用具，或是不拘小節之下，就直接用手擦，古人的衣袖長，就直接用衣袖擦拭，但是，龍唇琴是名琴，[6]對待名琴，應該珍藏，鄭愔卻隨意以衣袖拂拭，尋常生活的尋常動作，寫在此處卻渾然天成，把一個喝酒喝到半酣之人無意識的動作，寫得入木三分，從側面烘托彈琴之人率真自得的性格，也呼應首句「阮籍」，阮籍是竹林七賢之一，他為世人所知的形象，除了嗜酒善彈琴之外，還有他「志氣宏放，傲然獨得，任性不羈」的性格，藉著這兩句詩，將彈琴人的性格[7]具體表現；另一涵義，也寫出兩人的交情深厚，唯有在知己摯友面前，才會顯現最真實自然的一面，知交好友一起喝酒，酣暢之時，興之所至，要為好友彈琴助興，「拂拭龍唇琴」的動作表現出對好友的真摯之情，就像鄉下人家，倒茶給客人喝之前會先拿乾淨的紙或布擦拭杯子，或是先用少許的茶水將杯子略為清洗的動作，事實上，杯子倒覆在茶盤裡，原本就是乾淨的，這種下意識淨杯的動作，是身為主人重視客人的表現，鄭愔要彈琴給孟浩然聽之前，下意識地要先拂拭琴，這是對朋友的重視，以此烘托兩人之間深厚的情誼。這兩句可說是傳神之筆，「唐人琴詩每深妙，此詩妙處似又不在深」，正可以詮釋這二句的妙處，看似無什深澳之處，卻是以平淡見功夫，以平淡的筆觸、平淡的動作，寫出雋永深厚的情誼。

李白跟孟浩然都寫了聽知己好友彈琴的詩，兩人也都藉描寫彈琴者的動作烘托彈琴者的形象與彼此之間濃厚的情誼，也都出現世間名琴，卻有不同的風格，李白筆下的彈琴者是得道高僧，其形象是大器而清朗曠遠，而孟浩然筆下的彈琴者是率性自然的形象，兩位大詩人，各以不同手法烘托人物與表現深厚情誼。

頷聯從正面描寫蜀僧彈琴，兩句流水對「為我一揮手，如聽萬壑松」，[8]一氣呵成，

6　《古琴疏》記載：「荀季和淑有琴曰龍唇，一日大風雨失去，三年後復大風雨，有黑龍飛入李膺堂中。膺諦視，識之，曰：『此荀季和舊物也。』登即送還。季和恐復飛去，嵌金於背，曰劉累，以厭之，改名曰飛龍。」引文參見〔宋〕虞汝明：《古琴疏》，收入〔明〕陶宗儀：《說郛三種》（上海市：上海古籍出版社，2012年），頁4585。

7　「愔，字文靖，年十七，進士擢第。神龍中為中書舍人，與崔日用、趙履溫、李挰等託武三思，權熏炙中外，天下語曰：崔、冉、鄭，亂時政。或曰：初附來俊臣，俊臣誅，附易之，易之誅，託韋庶人，後附譙王，卒被戮。」引文參見〔宋〕計有功撰，王仲鏞校箋：《唐詩紀事校箋》（北京市：中華書局，2007年），頁364。「鄭愔為吏部侍郎，掌選，贓污狼籍。」引文參見張鷟：《朝野僉載》，卷1。孟浩然詩中所寫鄭五愔的形象與《唐詩紀事》、《朝野僉載》所記鄭愔為人行事不同。《孟浩然詩集箋注》：「鄭愔卒時，孟浩然方二十有餘。不知何時能與此好獝相識。從此詩情趣看，或另有一人。」引文參見註5，〔唐〕孟浩然著，佟培基箋注：《孟浩然詩集箋注》，頁61。

8　「為我一揮手，如聽萬壑松」有人主張只具備流水對的條件之一，欠缺句法結構相對稱，所以不屬於流水對。孫則明則主張修辭應當「不以辭害意」，而贊成這二句是別有韻味的對仗詩句，引文參見孫則明：〈對仗理論中王力語法分析的失誤〉，網址：bbs.creaders.net/poem/bbsviewer.php?trd_id=1062963&language=big5檢索日期2018/07/14

琴音傾瀉而出，展現時間的連續性與空間的延續性，時空結合，呈現一片壯闊浩蕩的意象，這是李白透過主觀感受來描寫琴聲，以萬壑松風來比喻琴聲，也以萬壑松寫聽琴的感受。聲音的描寫是很困難的，歐陽脩寫「秋聲」——「初淅瀝以蕭颯，忽奔騰而砰湃，如波濤夜驚，風雨驟至。其觸於物也，鏦鏦錚錚，金鐵皆鳴；又如赴敵之兵，銜枚疾走，不聞號令，但聞人馬之行聲。」他用具體的「淅瀝」、「蕭颯」、「鏦鏦錚錚」等直接摹聲，又用銜枚行軍等意象來比喻聲音，以表現出他說的秋天的聲音是「悽悽切切，呼號奮發」。李白的獨到精妙之處是只用「如聽萬壑松」五個字，就將琴音描寫出來，他不直接摹寫琴音，他用自己對琴音的感受來表現難以具體摹寫的聲音，這是詩心的精妙之處。

用「一揮手」三字來描寫彈琴的動作，顯得大器，彈奏樂器的指法對琴音的表現有很大的決定因素，這裡描寫彈琴的動作，不像白居易寫琵琶女「輕攏慢撚抹復挑」的細膩，也不是岑參〈秋夕聽羅山人彈三峽流泉〉的「繞指弄嗚咽」，而是灑脫的「揮手」，與高僧清朗曠遠的形象相合，也帶出琴音如「萬壑松」的清越宏遠，[9]「揮」字用得妙，就是這大器的動作，才會有「萬壑松」的壯闊浩蕩，而「為我」點出兩人之間深厚的情誼。在此，「萬壑松」有兩層涵義，琴曲有《風入松》的曲子，所以「萬壑松」可以指蜀僧彈奏的曲子；另一層涵義則是，高僧彈奏綠綺名琴，其琴音壯闊浩蕩，有如萬壑松風。對於琴音的描寫，李白不像白居易〈琵琶行〉從正面客觀摹寫琴音「大絃嘈嘈如急雨，小絃切切如私語。嘈嘈切切錯雜彈，大珠小珠落玉盤。」不過，他跟白居易一樣，透過「通感」（移覺）來摹寫，「大珠小珠落玉盤」，既有聽覺也有視覺，李白用具象的「萬壑松」來比喻蜀僧所彈奏的抽象琴音，耳朵聆聽清越宏遠的琴音，使人猶如置身松林間，遺世獨立，有「馮虛御風」之感，松風吹拂、松濤盈耳，自然而然，滌盡塵念，隨著琴音清迴縈繞，「欲辯已忘言」，自然對時間的流逝無所覺。

頸聯「客心洗流水，餘響入霜鐘」，二句各自用典。「客心洗流水」句則是因「用典對仗」而採「倒裝」修辭，原句應是「流水洗客心」，客心是塵俗之心，或是意指李白自己作客他鄉，蜀僧所彈奏的雅奏清音，聽了之後，令人的塵俗之心有如經流水洗滌一般，感到清心愉悅，遊子漂泊的鄉思受到撫慰，「流水」化用「高山流水」的典故：

> 伯牙善鼓琴，鍾子期善聽。伯牙鼓琴，志在登高山。鍾子期曰：「善哉！峨峨分若泰山！」志在流水。鍾子期曰：「善哉！洋洋分若江河！」伯牙所念，鍾子期必得之。伯牙游於泰山之陰，卒逢暴雨，止於巖下；心悲，乃援琴而鼓之。初為霖雨之操，更造崩山之音，曲每奏，鍾子期輒窮其趣。伯牙乃舍琴而歎曰：「善

---

9 「以松濤喻琴聲之清越，以『萬壑松』喻琴聲之宏遠。」引文參見俞陛雲：《詩境淺說》（臺北市：臺灣開明書局，1953年），頁4。

哉善哉！子之聽夫志，想象猶吾心也。吾於何逃聲哉？」[10]

伯牙鼓琴，或志在高山，或志在流水，鍾子期都能聞琴聲而解意，李白藉此表達蜀僧和
自己之間的知音遇合，透過琴音，彼此相知，情意相通。孟浩然的「余意在山水，聞之
諧夙心」，也化用高山流水的典故，寫兩人的知交契合以及彈琴者的精妙琴藝，其妙處
在於，一般化用這個典故者，大多按原來典故：伯牙善鼓琴，鍾子期善聽，能從伯牙的
琴音知道其意在高山或在流水，孟浩然化用此典，寫的卻是，鄭愔能知道他心裡所思所
想，孟浩然意在高山流水，鄭愔彈奏的琴音，正是他心意之所在，孟浩然化用典故的手
法高妙，一方面說出兩人真是心意相通的知己，一方面表現彈琴者之琴意精妙。「余意
在山水」，化用高山流水之典故，也有歸隱之意，孟浩然說自己意在高山，是指無意仕
進。范大士評此詩：「只說聽琴，而讚嘆彈琴只於結意略見，便省無限氣力。」[11]所謂
「省無限氣力」，正是寫琴音知心，藉以烘托知己之情以及隱逸山水的高蹈情懷。兩位
詩人在「知音」的母題上，不約而同地用了相同的典故，卻有不同的化用手法，各有千
秋。「霜鐘」的典故則是化用自《山海經》：

> 又東南三百里，曰豐山。……有九鐘焉，是知霜鳴。郭璞云：「霜降則鐘鳴，故
> 言知也。」[12]

傳說豐山有九口鐘，霜降而鳴，這裡也有知音的意思，琴音高妙有如流水洗塵心，音樂
終止之後琴音繚繞，餘音不絕，句中的「霜」字與下句的「秋雲暗幾重」相照應，也點
出了季節是在秋天。秋季是「蕭然萬籟涵虛清」的季節，在此清秋季節，琴音流轉迴
盪，「累累如貫珠，泠泠如扣玉，斯為雅奏清音。」[13]。

　　第四聯是承接上面的敘述而來，以不覺時間的流逝襯托琴藝高妙以及聆聽者之忘
我，因為琴聲動人，接於耳，入於心，琴音不絕，心無他，心的時空、心的宇宙，唯
有琴音充塞，極其專注傾聽，無暇他想，所以「不覺」，作者將「不覺」二字提到句

---

10 蕭登福：《列子古注今譯》（臺北市：文津出版社，1990年），頁492。《風俗通》，卷6，〈聲音·
　琴〉：「伯子牙方鼓琴，鍾子期聽之，而意在高山，子期曰：『善哉乎，巍巍若泰山！』頃之間而意
　在流水，鍾子期又曰：『善哉乎，湯湯若江河！』子期死，伯牙破琴絕絃，終身不復鼓，以為世無
　足為音者也。」見〔漢〕應劭撰、王利器校注《風俗通義校注》（臺北市：明文書局，1982年4
　月），頁293。伯牙善鼓琴與鍾子期善聽的典故，在《呂氏春秋》、《韓詩外傳》……等亦都有記載，
　不一一列舉。

11 〔清〕范大士：《歷代詩發》，收入故宮博物院編：《故宮珍本叢刊》（海口市：海南出版社，2000
　年），第644冊，頁144。

12 袁珂：《山海經校注·中山經》（臺北市：里仁書局，1982年），卷5「中次十一」，頁165。

13 〔清〕高宗御選：《唐宋詩醇》（臺北市：臺灣中華書局，1971年1月），卷8，頁196。

首，就是要強調不知不覺中，碧綠的山已染上暮色，寫出音樂的感染力，高妙的清音，使人忘我，也忘了時間，以這樣的寫法烘托蜀僧高妙的琴藝，蜀僧與李白兩人心意相通，彈琴的人因知音難遇，一旦有知音，彈得渾然忘我；聽琴的人因琴音清越宏遠如萬壑松濤，令人沉浸其間，所以，「不覺碧山暮，秋雲暗幾重。」不知不覺中，餘音繚繞的琴音，與薄暮的鐘聲融合，在不知不覺當中，已是黃昏，青山已籠罩在暮色中，天邊灰暗的秋雲層層疊疊。

孫紹振對於末聯有很獨到的詮釋：「餘音與寺廟鐘聲交融，鐘聲悠而長的，留在心頭的感受是深而久，詩人在愈來愈微弱的鐘聲中享受著愈來愈微妙的友情。……在尾聯「不覺碧山暮，秋雲暗幾重」，以豪邁著稱的李白把意脈的旋律降下來，轉向寧靜，沉靜於友情的美好，以至忘情于時間的流逝，天光的轉暗，這裡的韻味是雙重的，不僅僅是音樂的效果，而且是友誼的深厚，知音的唯一和悠久。」[14] 孫教授詮釋出全詩的意韻與精神，點出李白這首詩的主旨——「知音的唯一和悠久」，因為唯一，因為悠久，更顯出這份友誼的珍貴而難得。

〈聽蜀僧濬彈琴〉以五言律詩的形式寫成，[15] 第二聯的平仄不拘泥於律格規範，讓前四句有古風的句式，使整首詩一氣呵成，營造出高遠清越的意象，正與蜀僧濬的形象相合；韻腳為「峰、松、鐘、重」，這是屬於陽聲韻，給人開朗高曠之感，正好符合得道高僧的風範。整首詩句意相連，有敘事的效果，卻如行雲流水般自然，果然是「清空一氣，羚羊掛角，無跡可尋」[16]。石洲詩話云：「太白五律之妙，總是一氣不斷，自然入化。」[17] 李白的這首詩，就是「一氣不斷，自然入化」，一如他寫蜀僧濬彈琴的動作，整首詩也是「一揮而就」，詩意的連貫流動一如琴聲，詩韻雋永一如琴聲繚繞。孫紹振讚美此詩：「意境之渾茫高遠，屬對之疏放自然，亦復有其不同於凡響之處。」[18] 這是深入肯綮的評論。

14 孫紹振：〈從兩首詩看杜甫、李白如何寫音樂之美〉，《語文建設》，2018年10期，頁44。

15 這首詩的第一、第二句，按近體詩格律，不可以有「下三平」（三平腳）或「下三仄」（三仄腳）。所謂下三平或下三仄，就是每句的最末三字，都是平聲字或仄聲字，若屬此兩類，音節就過於單調。所以不可以有「下三平」或「下三仄」。第一句因為使用專有名詞「抱綠綺」（司馬相如有綠綺），使得詩句出現「下三仄」，第二句有「峨眉峰」（峨嵋山在四川），出現「下三平」，（這是一首平起首句不押韻的五律。按原詩第一、二句格律當為平平平仄仄，仄仄仄平平。）專有名詞非用這些字不可，以第三字互救第三字，出句為下三仄「抱綠綺」，則對句應以下三平「峨眉峰」救之。

16 〔清〕施補華：《峴傭說詩》，收入丁福保編：《清詩話》（臺北市：明倫出版社，1973年），頁973。

17 〔清〕翁方綱：《石洲詩話》（臺北市：廣文書局，1980年），頁24。

18 孫紹振：《月迷津渡——古典詩詞個案微觀分析》（臺北市：萬卷樓圖書公司，2015年），頁515。

三 渴望知音——知己與伯樂

　　李白（武后大足元年生，肅宗寶應元年卒，701-762A.D.），字太白，號青蓮居士，《舊唐書》、《新唐書》有傳，[19]關於李白的籍貫，《舊唐書》說是山東人，《新唐書》則記載：「李白字太白，興聖皇帝九世孫。其先隋末以罪徙西域，神龍初，遁還，客巴西。」[20]這裡的巴西，指的是蜀地。李陽冰的〈草堂集序〉：「李白，字太白，隴西成紀人，梁武昭王暠九世孫。蟬聯珪組，世為顯著。中葉非罪，謫居條支，易姓與名。然自窮蟬至舜，五世為庶，累世不大曜，亦可嘆焉。」[21]魏顥的〈李翰林集序〉：「白本隴西，乃放形，因家於綿。」綿就是四川綿州。劉全白的〈唐故翰林學士李君碣記〉：「君名白，廣漢人。」范傳正的〈唐左拾遺翰林學士李公新墓碑〉：「公名白，字太白，其先隴西成紀人……神龍初，潛還廣漢。」[22]曾鞏的〈李太白文集序〉：「蓋白蜀郡人，初隱岷山，出居襄、漢之間。」綜合上述，可知對於李白的籍貫問題，眾說紛紜，諸家說法不同，可以確定的是，年少時期，李白居住在蜀地，蜀地可以說是他的故鄉。及長，慨然有奮發之志，於二十四之時，為求取功名辭鄉遠遊，因吳筠薦舉，唐玄宗辟為翰林待詔，可惜只有三年即被賜金放歸，一生仕途不順遂，經安史之亂，因永王璘謀亂，坐罪流放夜郎，後遇赦免於途，死於宣城。

　　受傳統儒家「學而優則仕」思想的影響，李白也想在朝廷登上「要路津」，以濟蒼生，他的一生有很多的時間都在漫遊，他的漫遊有很大部分的原因就是為了能結交名流，以獲引薦，進而能在政治上求聞達，李白於玄宗天寶元年奉召入京，為翰林供奉，就是因為在他漫遊會稽的時候與道士吳筠共居剡中，玄宗召吳筠入長安，吳筠將李白推薦給朝廷，他才得以任官職，但是，他的仕途是不順遂的，不久就因受排擠而於天寶三年「懇求還山，天子知其不可留，乃賜金放歸。」[23]他入長安只有短短三年，尚未在朝廷一展抱負就被迫離開。

　　「賜金放歸」對李白而言，是很大的打擊與挫敗，這意味他被朝廷捨棄，仕進無路，因為，李白是有意仕進、一展抱負的。他年輕之時就慨然有一展鴻鵠之志，於開元十二年，二十四歲之時去蜀辭鄉，冀望能在朝廷謀得官職，當時他寫下「莫謂無心戀清

---

19 楊家駱：《新校本舊唐書附索引》六卷190 下，〈文苑下・李白〉（臺北市：鼎文書局，1981年），頁5053-5054；楊家駱：《新校本新唐書附索引》七卷202，〈文藝傳中・李白〉（臺北市：鼎文書局，1998年），頁5763-5764。

20 同前註，頁5762。

21 詹鍈：《李白全集校注彙釋集評》（天津市：百花文藝出版社，1996年12月），頁1。

22 引文參見詹鍈：《李白全集校注彙釋集評》，頁3-14。

23 呂華明、程安庸、劉金平著：《李太白年譜補正》（北京市：中華書局，2012年5月），頁270。

境，已將書劍許明時」[24]，開元時期，正是唐帝國聲威遠播、政治極盛之時，他懷抱萬丈雄心辭別故鄉，欲將一身文才武藝都奉獻朝廷。開元十四年〈淮南臥病書懷寄蜀中趙徵君蕤〉寫道：「功業莫從就，歲光屢奔迫。良圖俄棄捐，衰疾乃綿劇。古琴藏虛匣，長劍挂空壁。」[25]這是他在揚州臥病時的感慨，尚未功成名就，歲月匆匆而逝，長劍只能徒然閒置壁上，對於離鄉二年，疾病纏身而功名未就的遊子而言，確實感傷。開元二十二年，李白三十四歲，他寫了〈與韓荊州書〉：「十五好劍術，遍干諸侯；三十成文章，歷抵卿相。雖長不滿七尺，而心雄萬夫。……今天下以君侯為文章之司命，人物之權衡，一經品提，便作佳士。而君侯何惜階前盈尺之地，不使白揚眉吐氣，激昂青雲耶？」[26]韓荊州就是韓朝宗，為人喜歡獎掖後進，在當時很受敬重，從李白的自述，說自己遍干諸侯，可見李白經常投贈詩文以干謁，積極找尋能引薦入朝廷的機會，又說自己心雄萬夫，有青雲之志，希望能得到韓荊州的賞識。這樣一心仕進、遍干諸侯的李白，自二十四歲懷豪情壯志出蜀辭鄉，好不容易在四十二歲受薦舉被晉用，未料，才三年就離開長安，其內心之抑鬱可從詩作領略：「何處可為別，長安青綺門。臨當上馬時，我獨語君言。風吹芳蘭折，日沒烏雀喧。舉手指飛鴻，此情難具論。同歸無早晚，潁水有清源。」[27]整首詩充滿無奈抑鬱之氣，其中「風吹芳蘭折，日沒烏雀喧」明白說出自己被讒謗而賜金放歸，王琦註解此詩是「被讒而去志已決之語。乃遭讒之後所作」以芳蘭自喻，以風喻小人，小人謗讒而使自己遭放歸，國君被蒙蔽而小人喧囂，頗有屈原被讒行吟澤畔的哀思。

　　自「賜金放歸」之後的十年，直到天寶十三年，他都在漫遊。他的足跡「北抵趙、魏、燕、晉，西涉邠、岐，歷商於，至洛陽，南遊淮、泗，再入會稽，而家寓魯中，故時往來齊、魯間，前後十年中，惟遊梁、宋最久。」[28]長達十年的漫遊，其實並非單純遊山玩水，而是希望能獲得引薦。仕途不順遂，這樣的人生，其實經常是寂寞的，在他的詩作當中，可以看到他對寂寞的描寫，例如他有數首題名為「獨酌」的詩，其〈月下獨酌〉寫道「花間一壺酒，獨酌無相親，對影成三人。」陪伴他的，唯月而已。此詩作於天寶三年（744A.D.）春天。當時李白被讒「賜金放歸」，整首詩表達的就是一個「獨」字，道盡詩人的孤獨之感。又例如〈獨坐敬亭山〉：「眾鳥高飛盡，孤雲獨去閑。相看兩不厭，只有敬亭山。」此詩作於天寶十二年（753A.D.）[29]，前兩句看似寫景，

---

24 安旗、閻琦、薛天緯、房日昕：《李白全集編年注釋・別匡山》（成都市：巴蜀書社，2000年4月），頁24-25。

25 同註24，安旗、閻琦、薛天緯、房日昕：《新版李白全集編年注釋》，頁83。

26 同前註，頁1672-1673。

27 同註3，〔清〕王琦注：《李太白全集・送裴十八圖南歸嵩山》，頁1593。

28 同註3，〔清〕王琦注：《李太白全集》，頁1594。

29 同註21，詹鍈：《李白全集校注彙釋集評》，頁3336。

其實寫的是孤獨之情。可見，李白是孤獨寂寞的，他渴望知音，而李白的寂寞，有著更多無人賞識的感慨，他在〈月夜聽盧子順彈琴〉一詩中，就有「世上無知音」的感嘆：

> 閑夜坐明月，幽人彈素琴。忽聞悲風調，宛若寒松吟。
> 白雪亂纖手，綠水清虛心。鍾期久已沒，世上無知音。[30]

人之所以清閒，當然是「無官一身輕」，否則就將案牘勞形、塵務縈心了，東坡說：「何夜無月，何處無竹柏，但少閑人如吾兩人耳。」也是因為被貶謫，才有「閑」夜遊承天寺，「閑」字點出聽琴與彈琴者都無官職在身，與「幽」字相呼應，淵明詩：「鳳隱於林，幽人在丘」，有如鳳凰的美質，卻隱居山林，之所以如此，當然是無知音賞識，「千里馬常有，而伯樂不常有」，雖有千里馬之質，若無知音，也只能駢死於槽櫪之間。相傳蔡邕入青溪訪鬼古先生，其處有綠澗，蔡邕譜琴曲〈綠水〉，鬼古所居深邃，因而譜成〈幽居〉，詩中的幽人彈的琴曲正是〈綠水〉，彈琴者幽居而稱「幽人」，「閑」與「幽」點出身無官職。寫盧子順彈了數曲，有〈悲風〉、〈寒松〉、〈白雪〉、〈綠水〉，第一層意思是，這些曲子都是古調，[31]到了唐代，時下一般人已經不時興了，而知音子期已逝，這世上再也沒有知音了；第二層意思是，彈琴之人，藉琴音表現內心的轉折，先〈悲風〉哀不得遇，再以〈寒松〉卓然自立、〈白雪〉曲高和寡自勉，終以〈綠水〉洗心；「悲」、「寒」二字的冷寂照應「世上無知音」，更烘托出無知音的孤獨寂寥。李白發出「鍾期久已沒，世上無知音」的感慨，可見在很多時候，李白是感到寂寞而渴望知音，他所渴望的知音，除了能心神相通的知音，也渴望在政治上能賞識他，讓他一展抱負的知音。

自天寶三年離開長安，至天寶十三年，十年當中，多以宣城為中心，往江南、梁園各處漫遊，所以他多次往返宣城。[32]李白在詩作當中屢次提及自己離開長安已經十年，文詞之間流露無限惆悵之情：「一朝去京國，十載客梁園。」（〈書情贈蔡舍人〉）、「才微惠渥重，讒巧生緇磷。一去已十年，今來復盈旬。」（〈贈崔司戶文昆季〉）、「十年罷西笑，攬鏡如秋霜」（〈留別曹南群官之江南〉），十年之間，大多作客梁園，對於十年前因讒謗而離開長安之事，仍耿耿於懷，也感傷歲月的流逝，古人是「人生七十古來稀」，

---

30 同註3，〔清〕王琦注《李太白全集》，頁1071。

31 「凡諸調弄諸家譜錄分為三古，若論琴操之始，則伏羲上古明矣。今並取堯制〈神人暢〉等諸曲為上古，秦始皇制〈詠道德〉為中古，蔡邕制〈遊春五弄〉為下古，並列之於左〈歡樂樹〉、……〈悲風〉、〈憶顏回〉以上十二弄仲尼製、流水操、……白雪操。右並上古琴弄名。……〈淥水〉、〈幽居〉、……〈寒松操〉右並下古琴名。」引文參見同註6宋・僧居月：《琴書類集》，收入〔明〕陶宗儀：《說郛三種》，頁632-633。

32 同註3，〔清〕王琦注：《李太白全集・李太白年譜》，頁1571-1599。

此時的李白已經五十三歲，仍然陷於仕進無門、作客他鄉的窘境，其內心的愁苦難以排解。事實上李白曾於天寶十二年春到長安：

> 李白幽州之行歸來，因目睹塞垣真象，預料安祿山必反，心甚憂之，意欲向朝廷陳獻濟時之策，遂於本年春有長安之行。[33]

雖然曾於天寶三年遭玄宗疏遠放歸，十年之後李白仍心懷魏闕，憂心安祿山造反，希望為朝廷所用，於是他到長安，寫下〈述德兼陳情上歌舒大夫〉上陳哥舒翰，但未被上達天聽，於是，天寶十三年離開長安前往宣城。〈聽蜀僧濬彈琴〉就是這一年年秋天在宣城所作，在寫此詩的同一年，李白還寫了一首〈贈宣州靈源寺仲濬公〉，其詩云：

> 敬亭白雲氣，秀色連蒼梧。下映雙溪水，如天落鏡湖。此中積龍象，獨許濬公殊。風韻逸江左，文章動海隅。關心同水月，解領得明珠。今日逢支盾，高談出有無。[34]

研究者多認為「蜀僧濬」就是「仲濬公」，詩的一開頭，先讚美宣州靈源寺所處的勝境，有敬亭山遠接蒼梧雲氣、有雙溪水澄淨如青天落於鏡湖之中，由地靈帶出人傑，住在靈源寺的都是龍象高僧，其中以仲濬公最特別。接著讚美仲濬公之文采風流及精通佛理。從這首詩可以看出李白對仲濬公的推崇。這首詩可讓我們從另一角度理解〈聽蜀僧濬彈琴〉一詩當中，李白對彈琴者的傾慕之心；而這樣一位文采風流的得道高僧，願意下峨眉山不遠千里到宣城為李白彈琴，也彰顯出兩人深厚的情誼。《宣城縣志》「仙釋・唐」：

> 仲濬，靈源寺僧，有文名，李白贈詩：敬亭白雲氣，秀色連蒼梧。下映雙溪水，如落鏡湖。此中積龍象，獨許濬公殊。風韻逸江左，文章動海隅。關心同水月，解領得明珠。今日逢支盾，高談出有無。[35]

《宣城縣志》卷十「祠祀附寺觀」：

---

33 同註24，安旗、閻琦、薛天緯、房日昕：《新版李白全集編年注釋》，頁909。

34 同註3，〔清〕王琦：《李太白全集》，頁631。

35 筆者案：第四句無「天」字，應是抄錄時落一字。〔清〕陳受培修、張燾纂：《宣城縣志》，收入中國科學院圖書館選編：《稀見中國地方志彙刊》（北京市：中國書店，1992年），第24冊，頁411。

靈源寺，李白有〈贈靈源上人仲濬詩〉，刜建佚。[36]

縣志記載「仲濬，靈源寺僧，有文名」，可以證實仲濬在當時是知名之高僧，從縣志的記載推論，靈源上人應該是當時宣城靈源寺的知名寺僧，而且應是常住在靈源寺。從「今日逢支盾，高談出有無」，推論李白當時跟仲濬公應該在宣城見過面，當時李白在宣城，而峨眉山距離宣城幾千里遠，在唐代，即使走水路，亦不可能在短時間之內來去方便自如，以這個角度來推論，李白在寫〈聽蜀僧濬彈琴〉這首詩的時候，應該是寫記憶中的情景，因為在宣城靈源寺與仲濬公相談甚歡，回憶往日聽琴而寫下這首詩。李白於二十四歲去蜀辭鄉，懷抱理想四處遊歷，他出遊襄漢、娶妻留安陸十年、遊太原會稽、入長安任待召翰林三年，繼而遭讒賜金放歸，在經歷人生諸多失意之後，又作客他鄉、浮遊四方，能在宣城與好友仲濬公契闊談讌，是失意人生中難得的歡樂，〈聽蜀僧濬彈琴〉應是在此機緣下有感而發，寫下記憶中美好的音樂饗宴與友好的情誼。

　　劉勰說：「知音其難哉！音實難知，知實難逢，逢其知音，千載其一乎！」[37]知己難逢，要在茫茫人海中遇到像鍾子期、鮑叔牙那樣的知己，只怕是千百年當中只有一遇，所以，若人生在世，能有一知音，那將是了無遺憾。〈聽蜀僧濬彈琴〉描寫音樂的方式，是透過描寫聽者主觀的感受來烘托琴音的美妙，也表現蜀僧與李白之間心意相通、情感的交流，透過詩人沉醉在琴音的描寫，可以體會知己之間的心靈相通。李白在詩中用伯牙、鍾子期「高山流水」以及《山海經》霜降鐘鳴的典故，表現蜀僧和自己是知己之相通，從這二個典故的化用，可以看出李白非常珍惜這樣的知音，張心齋說：「天下有一人知己，可以不恨。不獨人也，物亦有之。如菊以淵明為知己，梅以和靖為知己，竹以子猷為知己，蓮以濂溪為知己，桃以避秦人為知己……一與之訂，千秋不移。若松之於秦始、鶴之於衛懿，正所謂不可與作緣者也。」[38]所以一生當中若能逢一知己，生命不寂寞。《唐才子傳》記載李白「喜縱橫擊劍，為任俠，輕財好施。」[39]李白一生尚俠好義，這樣的個性自然是喜歡結交朋友，尤其他的思想兼及儒、佛、道，他所結交的朋友也兼及儒者、居士、佛道之人，李白的作品當中有許多贈答或酬唱之作可資印證，李白可謂交遊廣闊，但是，「相交滿天下，知音有幾人。」更何況，李白所渴望的知音，除了心意相通的知己，也盼望能有伯樂般的知音，能引薦他步入仕途、以實現他的凌雲之志。

---

36 同前註，頁96。

37 〔梁〕劉勰著、王更生注譯：《文心雕龍讀本·知音》（臺北市：文史哲出版，1986年11月），頁351。

38 〔清〕張心齋：《幽夢影》（臺北市：弘道文化事業公司，1981年），頁2-3。

39 〔元〕辛文房撰、周紹良箋證：《唐才子傳箋證》（北京市：中華書局，2010年9月），頁327。

四 結語

孫紹振文本解讀學建構了揭示創作奧秘的兩大角度、層面的十二法具體解讀文本，本文運用此十二層面法中的若干法，解讀李白〈聽蜀僧濬彈琴〉一詩的奧秘。孫紹振說，要揭示文本隱性的密碼，就得把文本還原到歷史語境中，要將微觀個案與宏觀的歷史結合，職是之故，本文以文本為中心，再結合李白的相關文獻梳理，探抉全詩之弦外之音。

「詩言志」，從詩人的創作，可以讀出詩人心中之所感所懷，李白的〈聽蜀僧濬彈琴〉，是一首歌詠音樂的五言律詩，以文字描寫聲音本屬不易，作者避開直接摹寫聲音的表現方式，藉著描寫他個人聽琴的主觀的感受，將抽象的琴聲，透過聯想、通感、化用典故、側寫、烘托等手法，寫出彈琴者琴藝之精妙、琴音的清越悠揚、聽琴者的沉醉與友誼的雋永，也表達詩人對知音的渴望，這是一首以「知音」為母題的詩。李白於二十四歲去蜀辭鄉，懷抱理想四處遊歷，他出遊襄漢、娶妻留安陸十年、遊太原會稽、入長安任待詔翰林三年，繼而遭讒賜金放歸，在經歷人生諸多失意之後，又作客他鄉、浮遊四方，能在五十三歲的時候，在宣城與好友仲濬公契闊談讌，是失意人生中難得的歡樂，〈聽蜀僧濬彈琴〉應是在此機緣下有感而發，寫下記憶中美好的音樂饗宴與友好的情誼。

宋宗元評這首詩：「逸韻鏗然，是能得弦外之音者。」本文從感情特徵（主體情感）、生活特徵（客體特徵）、藝術形式特徵解讀（三維法），並以比較、通感等層面分析，也藉著文獻梳理，探抉詩人經歷人生長期漫遊、仕進無門，以及「賜金放歸」的仕途失意之後，詩中所化用的「霜鐘」、「高山流水」的知音典故的原型，除了原有的「知音」意涵，已經增加「伯樂」之意涵。自古以來，「知音」就是「可貴」卻「難得」的矛盾缺憾，張心齋才會有：「天下有一人知己，可以不恨。」的說法，畢竟，知音難遇，這也就是為什麼伯牙要絕琴了，而李白在人生已過半百、嚐過人生辛酸之後，把渴望「知音」的情思，寄託在歌詠悠揚琴音與雋永友誼之中。

徵引文獻

（一）傳統文獻

〔漢〕應劭撰　王利器校注　《風俗通義校注》　臺北市　明文書局　1982年

〔南朝宋〕范曄著　楊家駱編　《新校本後漢書并附編十三種四》　臺北市　鼎文書局　1999年

〔梁〕劉勰著　王更生注譯　《文心雕龍讀本》　臺北市　文史哲出版　1986年

〔唐〕孟浩然著　佟培基箋注　《孟浩然詩集箋注》　上海市　上海古籍出版社　2000年

〔唐〕杜甫著〔清〕仇兆鰲注　《杜詩詳注》　臺北市　里仁書局　1970年

〔宋〕虞汝明　《古琴疏》　收入〔明〕陶宗儀　《說郛三種》　上海市　上海古籍出版社　2012年

〔宋〕計有功撰　王仲鏞校箋　《唐詩紀事校箋》　北京市　中華書局　2007年

〔元〕辛文房撰　周紹良箋證　《唐才子傳箋證》　北京市　中華書局　2010年

〔明〕胡應麟　《詩藪》　臺北市　正生書局　1973年

〔明〕陶宗儀　《說郛三種》　上海市　上海古籍出版社　2012年

〔清〕孫希旦　《禮記集解》　臺北市　文史哲出版社　1988年10月

〔清〕王琦　《李太白全集》　北京市　中華書局　1977年

〔清〕王堯衢注　單小青、詹福瑞點校　《唐詩合解箋注》　河北　河北大學出版社　2000年

〔清〕清高宗　《唐宋詩醇》　臺北市　臺灣中華書局　1971年

〔清〕施補華　《峴傭說詩》　收入丁福保　《清詩話》　臺北市　明倫出版社　1973年

〔清〕阮元校勘　《十三經注疏1周易》　臺北市　藝文印書館　2011年

〔清〕阮元校勘　《十三經注疏1尚書》　臺北市　藝文印書館　2011年

〔清〕陳受培修、張燾纂　《宣城縣志》清嘉慶刻本　收入中國科學院圖書館選編　《稀見中國地方志彙刊》第24冊　北京市　中國書店　1992年

〔清〕范大士　《歷代詩發》　收入故宮博物院編　《故宮珍本叢刊》　第644冊　海口市　海南出版社　2000年

〔清〕張心齋　《幽夢影》　臺北市　弘道文化事業公司　1981年

〔清〕翁方綱　《石洲詩話》　臺北市　廣文書局　1980年

（二）近人著作

俞陛雲　《詩境淺說》　臺北市　臺灣開明書局　1953年

葉慶炳　《中國文學史》　臺北市　臺灣學生書局　1957年

施逢雨　《李白生平新探》　臺北市　臺灣學生書局　1977年

楊家駱　《新校本舊唐書附索引》　臺北市　鼎文書局　1981年

袁　珂　《山海經校注》　臺北市　里仁書局　1982年

劉大杰　《中國文學發展史》　臺北市　華正書局　1985年

蕭登福　《列子古注今譯》　臺北市　文津出版社　1990年

劉文剛　《孟浩然年譜》　北京市　人民文學出版社　1995年

詹　鍈　《李白全集校注彙釋集評》　天津市　百花文藝出版社　1996年

楊家駱　《新校本新唐書附索引》，臺北市　鼎文書局　1998年

袁行霈　《中國文學史》　北京市　高等教育出版社　1999年

安旗、閻琦、薛天緯、房日昕　《新版李白全集編年注釋》　成都　巴蜀書社　2000年

郁賢皓　《新譯李白詩全集》　臺北市　三民書局　2011年

呂華明、成安庸、劉金平　《李太白年譜補正》　北京市　中華書局　2012年

孫紹振　《月迷津渡——古典詩詞個案微觀分析》　臺北市　萬卷樓圖書公司　2015年

（三）學位論文

孫貴珠　《唐代音樂詩研究》　國立臺灣師範大學國文研究所博士論文　2006年

（四）期刊論文

孫紹振　〈從兩首詩看杜甫、李白如何寫音樂之美〉　《語文建設》　2018年10期　頁
　　　41-44

（五）網路資料

孫則明　〈對仗理論中王力語法分析的失誤〉網址
　　　bbs.creaders.net/poem/bbsviewer.php?trd_id=1062963&language=big5檢索日期
　　　2018/07/14

國立臺灣戲曲學院通識教育學報第六期

主　　編　黃一峰
審查委員　王光中、侯世傑、孫劍秋
　　　　　黃一峰、黃偉揚
執行編輯　王書芬

發 行 人　張瑞濱
出 版 者　國立臺灣戲曲學院
地　　址　臺北市木柵路三段 66 巷 8 之 1 號
電　　話　（02）29367231（木柵校區）
傳　　真　（02）29375561
編 輯 所　萬卷樓圖書股份有限公司
印　　刷　百通科技股份有限公司
封面設計　百通科技股份有限公司
發　　行　萬卷樓圖書股份有限公司
　　　　　地址 臺北市羅斯福路二段 41 號 6
　　　　　樓之 3
　　　　　電話 (02)23216565
　　　　　傳真 (02)23218698
　　　　　電郵 SERVICE@WANJUAN.COM.TW
香港經銷　香港聯合書刊物流有限公司
　　　　　電話 (852)21502100
　　　　　傳真 (852)23560735

ISBN　978-986-05-9084-5
2018 年 12 月初版
定價：新臺幣 300 元

如何購買本書：

1. 劃撥購書，請透過以下郵政劃撥帳號：
　帳號：15624015
　戶名：萬卷樓圖書股份有限公司

2. 轉帳購書，請透過以下帳戶
　合作金庫銀行 古亭分行
　戶名：萬卷樓圖書股份有限公司
　帳號：0877717092596

3. 網路購書，請透過萬卷樓網站
　網址 WWW.WANJUAN.COM.TW

大量購書，請直接聯繫我們，將有專人為
您服務。客服：(02)23216565 分機 610

如有缺頁、破損或裝訂錯誤，請寄回更換

國家圖書館出版品預行編目資料

國立臺灣戲曲學院通識教育學報. 第六期
黃一峰主編. -- 初版. -
臺北市：臺灣戲曲學院出版：萬卷樓發行,
2018.12
面；　公分　　年刊
ISBN 978-986-05-9084-5(平裝)
1.通識教育　2.高等教育　3.期刊
　　525.3305　　　　　　　108006417